上海市首批素质教育
优质课程项目资源

跟我学赛艇

Rowing Together

组　　编	德英乐教育
主　　编	许青川
执行主编	刘国华
编写人员	尹志华　周意男　卜于骏　申晓星 朱　径　张三棒　汪　琴　田　越 张古月　孙铭珠
动作示范	顾怡悦　吴浩泽

復旦大學 出版社

写给热爱赛艇的孩子们

在所有的运动项目中,我觉得最有诗意、最有美感的就是赛艇——在劈波斩浪间,平衡之美、力量之美、灵动之美被罕见地同时展现了。

我从2001年开始划赛艇,至今已经有21年了。但我真正体会到赛艇运动的精髓,是2013年到剑桥访学之后。我所在的彭布罗克学院的院长是赛艇校队俱乐部的主席,他看到我的简历后,特意安排我参加赛艇训练。在体验和了解之后,我非常惊讶地发现,赛艇队的学生并非体育特长生,却在学业之余训练出了国际一流的水平。这说明,人必须对自己有约束、有要求,不仅是智力上,还有体能上。这是我来到剑桥后的最大感受。很多牛津、剑桥的学生通过赛艇,实现了身心完美的结合——身体与心灵的完美结合就是赛艇的目的。

赛艇一开始只是我的个人兴趣,后来我开始有意在中国、在亚洲推广这项运动。2014年,我被选为亚洲赛艇联合会主席。在任职期间,我想把自己的体会与大家共享,一直尝试在民间推广赛艇运动。万科旗下的德英乐教育可能是全国青少年赛艇运动推广最认真、最有水平的单位之一,像一面引领的旗帜,走在了全国的前列。2016年,德英乐教育成为中国第一家把赛艇当作特色课程在校内全面开展该运动的教育机构。把一项独特的、并不是特别普及的体育运动纳入自身的课程体系中,在全国属于首创。这是非常难得的,也是非常独到的,非常有前瞻眼光的。

赛艇对于青少年的意义,我认为有这样几点:首先,赛艇运动强调三个特性——平衡、协调和节奏,是最接近自然,对身体关节冲击最小的运动之一。青少年正处于生长发育期,赛艇中的每一桨都是全身肌肉发力的结果,对青少年身体稳定地发育有很积极的意义。其次,赛艇是一项非常需要专注力的运动,在赛艇过程中,每一位赛艇运动员都需全神贯注地注视着前方,不能左顾右盼,因此,赛艇运动能帮助青少年培养专注力。在赛艇运动中培养的专注力，自然而然地会迁移到青少年的学习中、生活中。最后，参与赛艇运动对青少年在团队精神层面的发展也影响深远。赛艇是一种讲究平衡和配合的运动，它没有个人主义和英雄主义。不管是双人艇、四人艇还是八人艇，每个队员都是平等的、不可缺少的。如果仅有单个明星，这个赛艇一定划不好。我也经常说赛艇是一项忘我的运动，参加赛艇运动的青少年通常都具有合作、谦让、利他的可贵品德。

德英乐教育的学生参加赛艇运动，相当于是一个播种的过程，赛艇所培养的意志品质会成为养分，让赛艇的根深深地扎进中国这一片沃土，最终能够开枝散叶，茁壮成长。而这本书，就是德英乐教育多年赛艇教学经验的总结。我想，无论是在技术层面还是在精神层面，这本书都会深深地启发热爱赛艇的孩子们。

万科集团创始人
亚洲赛艇联合会名誉主席

2022 年 2 月

目 录

第一章 赛艇运动起源与发展 / 1
  第一节 赛艇运动的起源 / 2
  第二节 赛艇运动的发展 / 6

第二章 赛艇运动安全防护 / 22
  第一节 赛艇运动的安全指南 / 23
  第二节 赛艇运动的注意事项 / 31
  第三节 赛艇运动损伤的预防和处理 / 36

第三章 赛艇运动场地与设备 / 51
  第一节 赛艇运动的场地 / 52
  第二节 赛艇运动的设备 / 58

第四章 赛艇运动专项技术及练习 / 71
  第一节 赛艇运动下水与上岸技术 / 72
  第二节 赛艇运动划桨技术及练习 / 75
  第三节 赛艇运动呼吸、起航和冲刺技术 / 92

附录一 赛艇运动专业术语及中英文词汇表 / 98
附录二 赛艇运动跨学科学习案例 / 108

附录三　赛艇运动体能练习资源 / 119
附录四　赛艇竞赛和规则 / 125

后记 / 130

第一章 赛艇运动起源与发展
Origins and Development of Rowing

你了解赛艇运动吗?
Do you know anything about rowing?

你知道赛艇运动的起源吗?
Do you know the origins of rowing?

你清楚赛艇运动的发展历程吗?
Do you know the history of rowing?

情境导入

坚持就是胜利

2018年9月,一场赛艇公开赛在苏州护城河上进行。小美第一次参加赛艇比赛,心里非常紧张。她所在的替补赛艇,4名队员都是第一次参加比赛,队员之间没有配合过,那比赛结果怎样呢?让我们一起来看一下她当时跌宕起伏又激动人心的比赛经历吧——

"砰!"发令枪响了,其他赛艇瞬间都冲了出去,很快就领先十几米。而我们的赛艇刚起步桨频就乱了,还别了好几次桨,远远地落在后面。从队友们逐渐变慢的划桨速度中,我能感受到大家的紧张与慌乱。按我的性格,就是再着急也会闷在心里,不会站出来领头做事。但此时,我似乎被整个赛场的氛围感染了!也许是真的不愿意只做陪练,在预赛后就回家;也许是突然切身感受到赛艇比赛的拼搏精神……我突然带头大声喊起"一二一二"的口号。谁能想到,当一个害羞的女孩儿第一次在大庭广众之下,大声喊出带领团队统一桨频的口令后,比赛的走向改变了!

　　我们的桨频渐次稳定,并且稳稳保持在30桨/分左右,队友们也鼓起了干劲。以这样的速度,我们很快就追上了前一艘艇。更前面的一艘艇似乎也被我们的激情所震慑,连连失误,最终也被我们超越了。只剩300米就要到终点了!可是,我感觉我身上的力气已经被用完了,每一次蹬腿都十分痛苦。如果是原来的我,我不会再想着坚持下去了,但是刚刚被口号点燃的激情还在澎湃燃烧,而且赛艇运动所提倡的拼搏精神也告诉我不可以放弃。坚持,坚持,再坚持!终于,我们箭一般冲过终点,以第三名的成绩取得了进入决赛的资格!这是多么难能可贵的决赛资格啊!

　　之后我们一鼓作气,在决赛中继续保持昂扬的斗志,最终获得了铜牌!我第一次站上体育运动领奖台,这一刻我知道,一切都不一样了!我再也不是那个不自信的小孩子了!

　　从小美的经历中,我们可以发现,赛艇比赛充满了未知和挑战,想要赢得比赛除了凭借自身实力外,最重要的是要有团队合作精神以及坚持不懈的努力,这样才会收获惊喜与成功。那么,赛艇作为奥运会最传统的比赛项目之一,你了解它的起源吗?它又是如何在世界各国发展起来并受到人们喜爱的呢?让我们走近它,了解它的起源与发展吧。

第一节　赛艇运动的起源
Origins of Rowing

　　赛艇运动起源于水上运输,后来逐渐演变成水上运动项目,受到人们的喜爱,现已成为世界各国所推崇的奥运会水上项目之一。

认识赛艇运动

赛艇运动是奥运会水上比赛项目之一。那么,同学们知道如何操作,才能让赛艇向前进发吗?让我们一起来了解一下吧。

比赛时,各赛艇须在比赛水域的起点线后排列整齐,桨手背向赛艇前进方向,坐在艇上。等

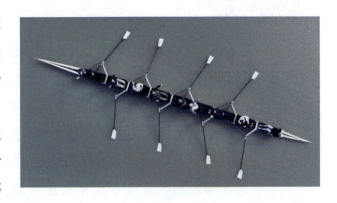

到发令员发令后,桨手动用其全身的力气,顺着一个方向划动桨叶来推动艇身向前进发,并以最快的速度划向终点,以艇首到达终点的先后来决定比赛的名次。

国际赛艇联合会(International Rowing Federation,简写为 FISA)设立的世界赛艇锦标赛通常有二十余个项目,分 4 个级别,即男子公开级、轻量级,女子公开级、轻量级。每一个级别又按运动形式分单桨和双桨;按参加人数分单人、双人、四人、八人赛艇。为了简化,各项目名称用字母、数字和符号的组合来表示:"M"为男子,"W"为女子,"L"为轻量级,数字为桨手人数,"×"为双桨,"+"为单桨有舵手,"−"为单桨无舵手。

所谓双桨,就是运动员双手各握一只桨;单桨就是运动员双手只握一只桨。双桨项目又包括单人、双人和四人双桨,而单桨项目则包括双人单桨无舵手、四人单桨无舵手和八人单桨有舵手。轻量级项目对运动员体重有特殊的要求,其中,男子轻量级项目要求运动员单人体重不超过 72.5 公斤,团队的平均体重不超过 70 公斤;女子轻量级赛艇运动员单人体重不超过 59 公斤,团队的平均体重不超过 57 公斤。

经常参加赛艇运动,可以促进同学们身体的新陈代谢,改善身体的节奏感和平衡能力。另外,赛艇运动多在江河湖泊等大自然水域中进行,空气清新阳光充足。在这样的环境中运动能有效地提高人体的心血管和呼吸系统功能,增强全身肌肉力量,调节神经系统平衡,从而有利于增强体质、增进健康。

经过介绍,同学们应该对赛艇的比赛方式、类型以及对人体产生的积极影响

有了基本了解。也许同学们会问,上述比赛方式与类型是如何形成的呢?接下来让我们一起来了解赛艇的起源,探索其中的奥秘。

> **知识拓展**
>
> **赛艇团队中的灵魂人物——舵手**
>
> 我们知道,在有舵手的赛艇项目中,只有舵手是面向前进方向的。舵手在操纵赛艇行驶方向的同时,还要给桨手提供意见及战术指导,以保证赛艇作为一个整体,安全且高效地行驶,以最快的速度到达终点。因此,舵手是一条赛艇上的灵魂,对最后的胜利起着至关重要的作用。
>
> 一名优秀的舵手应具备这样几点特质:一是要有强大的领导能力和敏锐的洞察力。舵手要对赛艇在水中行走的速度、团队中出现的问题等,进行及时报告、提醒和调整。二是要有较强的语言表达能力,要能以最简洁、最明了的方式发号施令,让桨手准确无误地接收到指令。三是要有过硬的心理素质,在比赛面前承受得住压力,临危不乱;性格上活泼开朗、聪明机灵;能够掌握每个队员的身体和心理情况。

赛艇运动的起源

在漫长的人类发展史中,为了跨越水的障碍,人们学会了游泳并发明了船艇。迄今为止,人们发现的最早用桨的舟艇已有 6 000 多年历史。而作为民间的竞赛活动也有相当长的历史,如古埃及的奴隶荡桨、印度的独木舟竞渡和中国的龙舟竞渡等,这些便是赛艇的早期雏形。

中国是世界上造船历史最悠久的国家之一,中国古代发明的木船船形丰富多彩,有上千种之多。早在春秋战国时期,我们的祖先就发明了"防沙平底船",

简单来说,这种船就是一种遇到沙子不易搁浅的大型平底帆船。并出现了龙舟竞渡,也就是"赛龙舟",这比起欧洲赛艇的雏形——"翘首平底船"的竞渡要早 2 000 年左右。

随着中国古代贸易的发展壮大,赛龙舟先后传入日本、越南等地。2010年,赛龙舟还成了广州亚运会正式比赛项目。2011 年,经国务院批准赛龙舟被列入第三批国家级非物质文化遗产名录。可以说,划船运动在我国有着古老而漫长的历史。

 知识窗

为什么端午节要赛龙舟

在我国的两湖地区,祭屈原与赛龙舟是紧密相关的。可能屈原及曹娥、伍子胥等逝去后,当地人民曾用魂舟送其灵魂归葬,故有此俗。

一些地区赛龙舟前会举行各种祭祀、纪念仪式,一般是点香烛、烧纸钱,供以鸡、米、肉、粽子等。如今这些含有迷信色彩的仪式已很少见,但在过去,人们赛龙舟前的祭祀气氛很严肃,多祈求农业丰收、风调雨顺、去邪祟、攘灾异、事事如意,也保佑划船平安。用现在的话说就是"图个吉利",表达人们内心美好的愿望。

而现代赛艇运动作为一种竞赛项目则起源于英国,发展于欧洲。17 世纪乘船往返于泰晤士河两岸,或搭船沿泰晤士河走一程,在交通不便的伦敦是人们青睐的出行方式。因而据说在当时,只有 400 万人口的英国便有 4 万职业船工在泰晤士河上以载客、摆渡为生。为了生计,船工们抢速度、争效益,涌现出一批优秀的桨手,他们还经常比赛划船。1715 年为庆祝英王加冕,伦敦首次举行了赛艇比赛。之后,赛艇运动逐渐得到流传,进而深受人们的喜爱,风靡全球,被称为"工业文明之花"。

第一章 赛艇运动起源与发展

第二节　赛艇运动的发展
Development of Rowing

国际赛艇运动的发展

1. 赛艇运动在欧洲的兴起

伦敦职业船工的比赛非常受伦敦市民的欢迎,吸引他们观看甚至参与,久而久之,出现了由青年组成的业余选手。他们与职业船工竞赛,由此,产生了业余桨手划船俱乐部。当时采用的船艇,以船舷桨叉和宽体平底船为主。

1775年,英国制定了赛艇的竞赛规则,同年成立了赛艇俱乐部,而且还举行了一次规模较大的划船队列表演。1811年,伊顿公学首次举行8人赛艇比赛,这可以看作是竞技赛艇的开端。1829年牛津大学和剑桥大学在泰晤士河上,首次举行校际赛艇比赛。1839年,英国将此比赛项目统一为8人艇比赛,同年举办了赛艇杯赛。牛津大学和剑桥大学之间的划船比赛成为英国人的重要盛会。1851年,这个传统比赛正式被命名为"亨利皇家划船比赛",同年,法国巴黎出现了第一个赛艇俱乐部。

从此,赛艇运动在欧洲和美洲逐渐开展起来,在不长的时间里,但凡有江河湖泊之处,大小赛艇俱乐部林立,各种比赛热闹非凡。1864年,俄国亚历山大二世捐款建造船库,并成立了"箭头"船艇俱乐部。随着现代高等教育的发展,以赛艇为代表的大学生水上运动迅速发展起来,从欧洲、北美等工业国家逐渐走向全世界。1890年,英国制定了类似现代的赛艇竞赛规则。

随着船艇运动的普及和比赛的频繁,船艇的制造也越来越先进。从摆渡与娱乐用的小划子发展到小艇,从小艇发展为舢板,从舢板又发展到轻舟,从轻舟又发展成有桨架的艇。1846年,英国人首先在舷外装上桨架,使桨的长度加长。1857年,英国的巴布科克发明了滑座;1882年,俄国人改进了桨栓;1886年,出现无舵手赛艇。总之,每次器材的改进都促使运动员不断革新自己的技术。

2. 国际赛艇联合会的成立

18世纪末19世纪初,由于现代奥林匹克运动会的重新兴起,赛艇运动得到了进一步发展。1892年,国际赛艇联合会(FISA)在意大利都灵成立,会标见图1-2-1。次年,国际赛艇联合会举行了第一届欧洲赛艇锦标赛(European rowing Championship)。1962年,在瑞士举行了第一届世界赛艇锦标赛,至1974年共举办了四届。从1974年起,每年都举办世界锦标赛。国际赛艇联合会主办的比赛还有世界青年赛艇锦标赛、世界残疾人赛艇锦标赛、世界杯系列赛和世界老将赛艇比赛等。

图1-2-1

知识拓展

国际赛艇联合会

国际赛艇联合会(FISA)简称国际赛联,是成立最早的国际单项体育联合会之一,现有协会会员156个。正式用语为法语和英语,当英文本和法文本发生冲突的时候,以法文本为准。中国赛艇协会于1973年加入国际赛艇联合会。国际赛艇联合会总部1922—1996年设在瑞士洛桑,1996年重返其诞生地——意大利都灵。

3. 赛艇运动在奥运会的发展

1896年,首届现代奥运会原本设有男子赛艇项目,因为天气原因未能举行,但赛艇运动已载入现代奥运会史册。1900年的巴黎奥运会上,男子赛艇比赛得以举行。1934年,国际赛艇联合会规定比赛必须在2000米的直道上举行,宽度至少可容纳 3 条赛艇比赛。1976 年,蒙特利尔奥运会设立女子赛艇项目。得益于奥运会设立赛艇项目的巨大影响,各国对赛艇运动高度重视,这有力推动了这项运动的发展。奥运会赛艇比赛项目有过多次变化,具体见表 1-2-1(打"√"为奥运会设置的比赛项目)。

表 1-2-1　第 2—25 届奥运会赛艇比赛项目列表

年份	届次	性别	1×	2+	2−	2×	4+	4−	4×	8+
1900	2	男子	√	√	√		√	√		√
1904	3	男子	√			√	√			√
1908	4	男子	√	√	√			√		√
1912	5	男子	√				√			√
1920	7	男子	√	√		√	√			√
1924	8	男子	√	√	√	√	√			√
1928	9	男子	√	√	√	√	√	√		√
1936	11	男子	√	√	√	√	√	√		√
1948	14	男子	√	√	√	√	√	√		√
1952	15	男子	√	√	√	√	√	√		√
1956	16	男子	√	√	√	√	√	√		√
1960	17	男子	√	√	√	√	√	√		√
1964	18	男子	√	√	√	√	√	√		√
1968	19	男子	√	√	√	√	√	√		√
1972	20	男子	√	√	√	√	√	√		√
1976	21	男子	√	√	√	√	√	√		√
1976	21	女子	√			√	√		√	√
1980	22	男子	√	√	√	√	√	√		√
1980	22	女子	√			√	√		√	√
1984	23	男子	√	√	√	√	√	√		√
1984	23	女子	√			√	√		√	√
1988	24	男子	√	√	√	√	√	√		√
1988	24	女子	√		√	√			√	√
1992	25	男子	√	√	√	√	√	√		√
1992	25	女子	√		√	√			√	√

注:1×、2+、2−、2×、4+、4−、4×、8+,分别表示单人双桨、双人单桨有舵手、双人单桨无舵手、双人双桨、四人单桨有舵手、四人单桨无舵手、四人双桨、八人单桨有舵手。后面的表格同。

1996年亚特兰大奥运会(第26届奥运会)对赛艇比赛项目作出调整,引入赛艇轻量级比赛及新规则,增设男子女子轻量级双人双桨和男子轻量级四人单桨无舵手赛艇项目,比赛项目总数仍与1976年以来奥运会相同,即共14项。自此,奥运会赛艇运动的比赛项目均沿用第26届奥运会设置的比赛项目,直至今日。具体项目设置见表1-2-2。

表1-2-2 第26届奥运会赛艇比赛项目

性别	1×	2×	2×轻量级	2-	4×	4-	4-轻量级	8+
男子	√	√	√	√	√	√	√	√
女子	√	√	√	√	√			√

由于历史文化和政治经济等原因,赛艇运动在亚洲开展得较晚,其发展速度却很快。1982年,在第9届亚运会上,赛艇首次被列为正式比赛项目,同年亚洲赛艇联合会(Asian Rowing Federation)正式成立。第10届亚运会上的赛艇项目由上一届的4项发展为8项;到第11届北京亚运会时,又增加了轻量级等项目,项目总计为14项。

运动之星

史蒂夫·雷德格雷夫

史蒂夫·雷德格雷夫(见图1-2-2),1962年3月23日出生于英国的马洛。他是历史上最伟大的赛艇运动员之一,也是有史以来最具传奇色彩的赛艇选手,曾带着糖尿病病体,参加奥运会比赛。史蒂夫·雷德格雷夫从1984年洛杉矶奥运会到2000年悉尼奥运会,连续五次参加双人和四人赛艇比赛,并五次夺得冠军,是历史上在连续5届奥运会上均至少获得1枚金牌的奥运选手之一。2001年,他被英国女王授予爵士爵位。这位伟大的赛艇运动员和中国也有缘分,曾在中国赛艇队任教。

图1-2-2

4. 世界赛艇强国

赛艇运动在欧洲普及早,因此德国、俄罗斯、罗马尼亚等国技术水平较高,曾多年保持赛艇强国地位。20世纪80年代开始有所变化,奖牌不再被少数国家所垄断,挪威、意大利、新西兰、美国、澳大利亚、加拿大等国赛艇运动进步较快,技术水平也比较高。男女轻量级比赛从1996年第26届奥运会正式列入比赛项目以来,也引起了各国的重视。近些年来,意大利、英国、西班牙、法国、丹麦、澳大利亚等国的成绩较为突出。

同时,我国也在该项目上逐步取得了重大突破。2008年北京第29届奥运会上,我国选手张杨杨、奚爱华、金紫薇、唐宾四人获得女子四人双桨冠军,实现了我国赛艇运动历史性的突破。2012年伦敦第30届奥运会上,我国赛艇队获得女子轻量级双人双桨银牌。2016年里约第31届奥运会上,我国赛艇队获得女子轻量级双人双桨铜牌和女子单人双桨铜牌。而在2020年东京奥运会上,我国赛艇队夺得了女子四人双桨金牌、男子双人双桨铜牌和女子八人单桨有舵手铜牌,共1金2铜的好成绩。这些向全世界展示了中国赛艇健儿的中国速度,同学们作为后起之秀也具有无限可能,好好加油吧。

> **知识拓展**
>
> **赛艇比赛的主要看点**
>
> 俗话说:"外行看热闹,内行看门道。"我们在观看赛艇比赛时,要把握哪些看点呢?赛艇比赛的主要看点有:一看运动员的动作是否整齐划一、协调自然;二看桨叶出水是否轻盈、入水是否快捷;三看赛艇滑行时的起伏是否流畅;四看桨叶在水下的做功距离与运动员的身材是否相称;五看桨频与艇速的关系。

图1-2-3

5. 国际赛艇重大赛事

国际赛艇重大赛事主要有世界赛艇锦标赛、世界大学生赛艇锦标赛、亚洲赛艇锦标赛等。

世界赛艇锦标赛(World Rowing Championships,标识见图 1-2-3),由国际赛艇联合会主办,首届比赛于 1962 年在瑞士卢塞恩举行,从 1974 年开始每年举办一届。也是从 1974 年开始增设女子赛艇和男子轻量级项目,1985 年增设女子轻量级项目。从 1996 年开始,在奥运年举办世界青少年赛艇锦标赛,2002 年开始增加残疾人项目。世界赛艇锦标赛主要有二十余个项目,但在奥运年只进行非奥运会项目比赛。表 1-2-3 列出了具体的比赛项目。在表中,"O"说明既是奥运会项目也是世锦赛项目,"WC"说明它只是世锦赛项目。

表 1-2-3 世界赛艇锦标赛比赛项目

	项目	男子	男子轻量级	女子	女子轻量级
1×	单人双桨	O	WC	O	WC
2×	双人双桨	O	O	O	O
2—	双人单桨无舵手	O	WC	O	WC
2+	双人单桨有舵手				
4×	四人双桨	O	WC	O	WC
4—	四人单桨无舵手	O		WC	
4+	四人单桨有舵手				
8+	八人单桨有舵手	O		O	

世界大学生赛艇锦标赛(World University Rowing Championships),由国际大学生体育联合会与国际赛艇联合会联合主办,是世界大学生赛艇项目的最高水平赛事,每两年举办一届。第一届世界大学生赛艇锦标赛于 1984 年在米兰举办,这场由意大利、波兰和荷兰等国领衔的比赛取得了巨大成功,共有来自 14 个国家(地区)的 177 名男女赛艇运动员参赛。自 1984 年第一届举办至今,已在意大利、波兰、荷兰、英国、法国、俄罗斯等国先后举办了 15 届,迄今全球共有 5 000 多名大学生运动员参与其中。在世界各国高校,特别是欧美名校中拥有广泛声誉。2018 年世界大学生赛艇锦标赛在我国举办,由中国大学生体育协会和上海交通大学承办,在上海市水上运动中心举行。这次比赛吸引了 23 个国家和地区的近 400 名选手前来上海参赛,其中不乏哈佛大学、牛津大学等名校学生,向全世界展现了赛艇运动的速度、力量与美,也向全世界传递了青年学子的精神风貌。

亚洲赛艇锦标赛（Asian Rowing Championship），由亚洲赛艇联合会主办，第一届于1985年在中国的香港举行，参加比赛的有中国、印度、印度尼西亚、日本、巴基斯坦和朝鲜以及中国香港地区共136名运动员，其中中国赛艇队一行37人参赛。自此后该比赛每两年举办一次，是亚洲地区规格最高、水平最高、专业性最强、竞争最为激烈的赛艇洲际赛事。中国赛艇队在历届亚洲赛艇锦标赛上均有出色的表现。

我国赛艇运动的发展

1. 我国赛艇运动的发源地

在我国，赛艇最早传入上海，这与当时上海作为东方重要的商贸和港口城市有关。据史料记载，1849年在上海外滩的黄浦江上，外国侨民首次组织划船比赛。约1860年西方侨民们在苏州河岸建立了划船总会。1906年划船总会又在上海闵行和江苏昆山青阳港建立分部，设有船库、码头等场地设施，并将其作为比赛地点。

19世纪末期，由英国人所建的划船总会迁至外滩外白渡桥苏州河南侧（今上海南苏州路76号黄浦游泳池）。参加划船总会的人大多是西方侨民，但也有少数的中国人参加活动。据记载，上海两江体育学校1935年曾在昆山青阳港举行的八人赛艇比赛中获得过第一名，还有一名叫周家琪的上海青年也曾在嘉兴南湖举行的男子单人双桨比赛中获得冠军。

2. 赛艇运动在我国的早期发展

赛艇运动在我国起步比较晚，但在新中国成立以后，我国赛艇运动蓬勃开展。

1952年底，在北京的中央国防体育俱乐部以苏联的赛艇图纸向哈尔滨内河航运造船场订购4条八人赛艇。这批赛艇于1954年5月运至北京，但是因为八人艇太长，受到什刹海水域的限制，没有组织训练。

1955年，该八人艇被转入颐和园昆明湖。1955年底原国家体委在工作总结中又指出从1956年起要建立包括划船在内的35个项目的竞赛制度。因此，1956年原国家体委组织了清华、北大学生进行训练，但是由于场地仍有限，只能进行测试比赛，因而没能列入北京市水上运动会。

1956年3月,国家体育运动委员会向上海、广州、武汉等地拨款35万元兴建划船俱乐部。同年,在杭州西湖组织了第一次划船表演赛,参加人员来自上海、杭州、哈尔滨和旅顺等地,共进行了男、女赛艇8个项目。在89名男女运动员中,学生和工人占多数。此外,北京、广州和武汉有16人参观学习。这次表演赛开创了一年一度的全国主要城市的划船比赛。

1957年及1958年,均举行了全国七城市划船锦标赛。

1959年,全国第1届全运会,有19个省市和解放军的423名男子运动员进行了8个项目的角逐,这是我国赛艇发展的第一个高潮。

此后,赛艇运动进入了一段低谷,只有湖北、上海、广东、浙江、黑龙江、解放军等少数省市和单位保留该项目。1964年恢复比赛后,成绩提高很快。

3. 赛艇运动在我国的近期发展

1972年,我国体育工作开始复苏,上海、湖北、浙江、广东等地率先恢复赛艇项目。1972年我国成为国际赛艇联合会的特别会员,由此,我国赛艇运动步入了一条开放和蓬勃发展的道路。

1975年,赛艇再次被列入第3届全国运动会,并开始分派运动员参加国际性比赛。特别是1982年在印度举行的第9届亚运会上,我国赛艇队力挫群雄,包揽了本届亚运会男子赛艇四项的所有金牌,从而确立了中国赛艇运动在亚洲的地位。

进入20世纪80年代后,中国不断引进外国先进技术,增加与海外的交往,使我国赛艇技术水平不断提高,持续在国际比赛中获得好成绩。

1984年,第23届洛杉矶奥运会上,我国在女子四人单桨有舵手赛艇比赛中获得第八名。

1985年世界赛艇锦标赛上,我国轻量级选手在双人双桨和四人单桨无舵手两项比赛中都进入决赛,并获得第六名。

1986年第10届汉城亚运会上,我国男女赛艇选手夺得8项比赛中的7枚金

牌和1枚银牌,继续保持了在亚洲的领先地位。

1987年,中国选手罗汉桃、张香娥、鄢东玲、龙君在丹麦哥本哈根举行的世界赛艇锦标赛中,一举夺得女子轻量级四人单桨无舵手项目的铜牌,这是中国运动员第一次登上世界级赛艇大赛领奖台。此外,这四位来自中国湖北的姑娘们在四人双桨比赛中,还战胜了美国、瑞士、法国等对手,获得世界赛艇锦标赛第八名的成绩。

1988年,第24届汉城奥运会上,我国运动员在女子四人单桨有舵手项目比赛中挫败欧美诸赛艇项目强国,夺得奥运银牌。此外,在女子八人艇比赛中获得铜牌,女子双人双桨比赛中获得第五名。同年,在意大利米兰举行的第4届世界轻量级赛艇锦标赛中,我国运动员梁三妹、张华杰、曾美兰和林志爱力挫群芳,获得女子轻量级四人单桨无舵手赛艇项目金牌,登上了世界赛艇运动的最高领奖台,这也是中国运动员打破百余年来欧美运动员的垄断而夺得的第一枚世界赛艇大赛的金牌,也是亚洲运动员摘取的第一枚金牌。从此,中国赛艇运动走向世界,又上了一个新台阶。

1989年,在南斯拉夫布莱德举行的世界赛艇锦标赛上,中国选手梁三妹、张华杰、曾美兰和林志爱再次夺得女子轻量级四人单桨无舵手赛艇项目的世界冠军;周秀英、刘稀蓉、胡亚东和曹棉英获得女子公开级四人单桨无舵手赛艇项目的亚军;周秀英、刘稀蓉、胡亚东、曹棉英、何燕雯、郭艳秋、杨海英和李荣华获得女子公开级八人艇项目季军。

1990年,在北京举办的第11届亚洲运动会上,我国赛艇健儿囊括了赛艇14个项目的全部金牌。

1991年,在奥地利举行的世界赛艇锦标赛上,我国第三次夺得女子轻量级四人单桨无舵手项目世界冠军,在女子四人单桨无舵手和双人双桨艇项目分别获得第四名;而第一次参加世界大赛的中国男子赛艇队也获得男子八人艇项目第五名的成绩。中国人又一次在世界赛场上引起了国际赛艇界的关注。对此,一些国际赛艇界的人士称:"中国赛艇水平已经不是发展中国家,而应属于赛艇强国之列了。"

1992年,第25届巴塞罗那奥运会上,我国获得女子双人双桨项目铜牌,女子四人单桨无舵手项目和女子八人艇项目第四名和第五名的成绩。虽然没能实现更好的突破,但仍反映出部分项目有能力同诸强国争高低的水平。

1996年,第26届亚特兰大奥运会上,我国获得女子双人双桨项目银牌。

2004年,第28届雅典奥运会上,我国虽然没能摘得奖牌,但是在女子八人单桨有舵手项目中获得第四名,在女子轻量级双人双桨比赛中获得第五名。

2008年,第29届北京奥运会上,中国选手张杨杨、奚爱华、金紫薇、唐宾夺得女子四人双桨项目金牌,这是中国赛艇项目在奥运会上获得的首枚金牌。吴优、高玉兰获得女子双人单桨项目银牌,张秀云获得女子单人双桨项目第四名,李勤、田靓获得女子双人双桨项目第四名,徐东香、余华获得女子轻量级双人双桨项目第五名,张国林、孙杰获得男子轻量级双人双桨项目第五名。

2012年,第30届伦敦奥运会上,中国选手徐东香、黄文仪获得女子轻量级双人双桨项目银牌,唐宾、金紫薇、张杨杨、田靓获得女子四人双桨项目第五名。

2016年,第31届里约热内卢奥运会上,中国选手黄文仪、潘飞鸿获得女子轻量级双人双桨项目铜牌,段静莉获得女子单人双桨项目铜牌。

2021年,第32届东京奥运会上,中国选手陈云霞、张灵、吕杨、崔晓桐夺得女子四人双桨项目金牌并创造了新的奥运会最好成绩——6分5秒13。另外,刘治宇、张亮获得男子双人双桨项目铜牌。自此,中国男子赛艇实现了奥运会奖牌零的突破。同时,王子凤、王宇微、徐菲、苗甜、张敏、巨蕊、李晶晶、郭淋淋、张德常获得女子八人单桨有舵手项目铜牌。

随着赛艇运动在中国的不断发展,未来中国赛艇队在世界级的赛艇项目中的表现一定会更加精彩,而朝气蓬勃的同学们就是我国赛艇运动继续取得辉煌成绩的储备力量。

运动之星

张 亮

张亮(见图1-2-4),1987年出生于辽宁锦州。2010年,获得广州亚运会赛艇男子双人双桨项目冠军。2018年,获亚运会赛艇男子单人双桨项目冠军。2019年,获得赛艇世锦赛男子双人双桨项目冠军,并帮助中国赛艇队赢得该项目东京奥运会入场券。2020年,以2小时19分20秒8的成绩,大幅度刷新有滑轨陆上赛艇30~39岁年龄组男子马拉松世界纪录。2020年东京奥运会因疫情延期,33岁的老将张亮依然保持良好竞技状态和满腔斗志,积极备战,终在东京奥运会上获得双人双桨项目铜牌。

图1-2-4

知识拓展

一位赛艇爱好者的初心和使命

王石(见图1-2-5),1951年生于广西柳州,是万科企业股份有限公司的创始人,原任万科集团董事会主席,现任万科集团董事会名誉主席。他热爱运动,赛艇就是其中之一。自2001年接触赛艇以后,他便时常参与赛艇运动。在他看来,赛艇运动的发展与现代工业文明讲究的精准与效率十分契合。因此,他于2007年在万科华东公司组织成立了两个赛艇俱乐部,并亲自参与训练,带领队伍出去比赛。王石和他的赛艇俱乐部取得的一系列不俗成绩,让他在中国乃至亚洲

图1-2-5

赛艇项目上影响力不断增加。2014年,王石被中国推荐参加亚洲赛艇联合会主席的竞选,并顺利当选。

截至2018年,王石实现了自己当初就任亚洲赛艇联合会主席时许下的承诺:在任期内推动在亚洲国家成立400个赛艇俱乐部,包括300家中国的俱乐部和100家在其他亚洲国家和地区的俱乐部。可以说,王石为赛艇运动在中国乃至亚洲的迅速发展,做出了不可忽视的贡献。

4. 我国赛艇重大赛事

我国赛艇重大赛事有全国赛艇冠军赛、全国赛艇锦标赛、全国青少年赛艇锦标赛等。

全国赛艇冠军赛,1984年5月首次在杭州举行,参赛的赛艇队来自上海、江苏、浙江、江西、湖北、广东和解放军,当时称为"全国赛艇优秀选手赛",其在1986年更名为"全国赛艇冠军赛"。该赛与每年秋季举行的"全国赛艇锦标赛"构成了我国一年两赛的完整赛制。

全国赛艇锦标赛,每年举办一次,是国内最高级别的赛艇赛事。首次全国赛艇锦标赛于1980年10月5日在杭州举行,有上海、江苏、浙江、江西、湖北、广东和解放军共7个赛艇队的139名运动员参赛,广东队获得团体第一名。自此每年都定期举办比赛,鼓舞了喜爱赛艇的人们和专业运动员们的训练热情,也为我国赛艇运动的发展起到了关键作用。早期全国赛艇锦标赛的比赛项目与现在的项目有所差异,表1-2-4列举了近年具体比赛项目(共20个),对早期赛事感兴趣的同学们可自行查阅资料了解。

表1-2-4 全国赛艇锦标赛比赛项目

项目	男子	男子轻量级	女子	女子轻量级
1×	✓	✓	✓	✓
2×	✓	✓	✓	✓
2−	✓		✓	
2+	✓			

(续表)

项目	男子	男子轻量级	女子	女子轻量级
4×	✓		✓	✓
4−	✓	✓	✓	
4+	✓			
8+	✓		✓	

全国青年赛艇锦标赛,是为国家发展赛艇运动后备力量而设,于1985年6—9月在上海首次举办。这次比赛共有15个单位参赛,上海获得1项冠军。自此后每年举行一次,形成了赛制,此项比赛对我国赛艇运动后备人才的培养和选拔产生了积极的推动作用。

头脑风暴

我们知道,赛艇一般在天然水域进行比赛,成绩受天气和水面影响较大,即使前后两组的比赛也会因天气变化对成绩产生较大影响。因此,赛艇比赛成绩不具有绝对可比性,导致水上赛艇比赛成绩没有所谓的世界纪录,只有"仅供参考"的"世界最好成绩"。那么,聪明的你能不能开动脑筋,设计出具有可比性的赛艇成绩计算方法呢?

德英乐赛艇小故事

尊重(Respectful)

我是一名新时代的赛艇队员,而我的奶奶是上海市最早的赛艇队队员之一,这是她的赛艇故事:

那时候我加入了少体校,安排在划船俱乐部训练。那时候的训练比现在要艰苦多了,因为我们就在黄浦江里面训练。要知道,黄浦江到了港口的位置,水深浪宽,航运频繁,每天有好多大船经过,所以浪就特别大。每当有大船经过的时候,会有巨浪袭来,所以我们就需要马上停止划船,把桨摆平,让浪过去,不然就会翻船,甚至有生命危险。记得曾经有一年冬天训练的时候,就有人翻了船,其中一位队员觉得离岸挺近的,就想游过去,结果才游了几下,一个大浪涌过来,一下子就把他打下去了。

除了黄浦江的风波险恶之外,我们训练的基本供给也很困难。夏天,天气那么炎热,运动强度那么大,我们都没有水喝。只好在划了几千米以后,到码头上找工人要点水喝。那时候吃得当然也不好。我记得我1961年参加赛艇队,为备战1962年全运会,整个暑假我们都在集训,但那时因三年自然灾害,吃得非常艰苦,除了茄子就只有冬瓜。我们就是在这样的环境下一起坚持训练着。

赛艇运动塑造了我们强健的体魄、坚韧的品格,还有永久的友谊,这些都建立在尊重的基础上——对赛艇运动的尊重,教练对队员的尊重,队员对教练的尊重,队员间互相的尊重……当年赛艇队的队员们几年后,因为考大学、工作等原因分开了,十几年间,好多都断了联系。但是多年以后,我们队长竟然费心费力把队员们一个个都找回来了。多么值得珍惜的友情!从此我们约定每年正月初六都要聚会,不论人在国内国外还是南方北方,都要回来,风雨无阻。后来大家都年纪大了,队员里有谁生病了,大家便组织起来一起去看望;有的队员已经走了,队长就从美国回来,开了车到墓地去祭拜。这就是我们赛艇队员之间的情谊,是赛艇运动带给我们的情谊。

我想,今天我们的赛艇运动,在如此优渥的条件与专业的训练之下,必然能更加突飞猛进;参加这项运动的孩子们,肯定也会跟我们当年一样,结下深刻真挚的友谊,并保持终身。

扫码进入
视镜|德英乐赛艇

课外学习园地

自主学习

1. 赛艇运动是专业的运动项目，需要运动员具有速度、力量、耐力的复合素质，请思考：你是否具备合格的赛艇专项身体素质？如果不具备应该如何改善呢？

2. 请查阅资料，了解牛津大学与剑桥大学之间延续至今的著名赛艇比赛，思考：该项延续了几百年的名校校际比赛，承载了哪些值得我们学习的运动精神？

3. 请根据所学知识，以"赛艇运动发展史"为主题，拍摄一段介绍短视频，并在社交媒体上进行分享和传播。

探究学习

1. 赛艇运动和皮划艇运动都借助船、桨进行比赛，也都分单人或多人比赛，请你课后查阅皮划艇的比赛信息，比较总结这两项运动的异同。

2. 赛艇运动比赛项目有公开级和轻量级之分，请查阅资料后用拍小视频的方式，说明两者之间的区别与相同之处。

3. 通过本章的学习，我们了解了我国赛艇运动正在蓬勃发展，我国在不久的将来有望成为新的赛艇强国。请你开动脑筋，为我国成为赛艇强国出谋划策，写一份发展规划书吧。

合作学习

请你与小伙伴们一起查找资料，分工完成下面的表格，填写近5届奥运会中获得赛艇运动各分项奖牌的国家，以及当年奥运会的举办国家和城市，并预测下一届奥运会奖牌将花落谁家。在课堂上与同学们讨论分享。

时间	金牌	银牌	铜牌	奥运会的举办国家及城市

自我评价

以下是赛艇运动基础知识的学习自我评价表，请你对照表格，给自己的本章学习情况进行评级吧。

评价内容	是	一般	否
1. 知道赛艇运动的发源地。			
2. 能够说出赛艇运动作为现代奥运会比赛项目的时间。			
3. 知道当前国际赛艇比赛的组别和不同项目。			
4. 了解国内和国际著名的赛艇赛事。			
5. 能够说出世界赛艇锦标赛共有多少比赛项目。			
6. 能够说出赛艇运动在中国的发源地。			
7. 了解中国在赛艇项目上取得的良好成绩。			
8. 能够说出赛艇运动的特点，以及对人体健康发展的独特价值。			
9. 能够用自己的话向同伴简要说明赛艇运动的发展历程。			
10. 愿意自己搜集资料了解更多关于赛艇发展相关的知识。			

评价说明：请根据自己的学习情况，在上述的评价表格中用"√"在"是""一般"或"否"列勾选符合自己的选项。如果你勾选的"是"的个数在 9 个以上，说明你对本章的学习达到了优秀水平；如果你勾选的"是"在 6～8 个之间，说明你对本章的学习达到了合格水平；如果你勾选的"是"在 6 个以下，说明你对本章的学习尚未合格。

第一章　赛艇运动起源与发展

第二章 赛艇运动安全防护
Rowing Safety Precautions

你了解赛艇运动的安全知识吗?
What do you know about rowing safety?

你知道赛艇运动有哪些注意事项吗?
Do you know what precautions to take when rowing?

你知道如何预防和处理赛艇运动损伤吗?
Do you know how to prevent and deal with rowing injuries?

情境导入

德英乐赛艇队在危机中的成长

2021年7月27日,台风过境之后,德英乐赛艇队队员从上海启程前往扬州,开始了为期14天的赛艇夏令营。7月29日,扬州市通报新型冠状病毒肺炎确诊病例,疫情迅速蔓延。自7月30日起,扬州市铁路、公路、机场相继按下了暂停键。原计划8月9日返程的队员们,只能在基地静候佳音,等待归期。

在得知扬州突发疫情后,德英乐教育迅速成立疫情防控小组,一方面调整滞留学生的教学方案,另一方面积极采取应对措施。德英乐教育在危机中坚持立德树人,勇于担当,践行教育使命,最终使得这次经历成为所有学生和老师生命中最珍贵的一堂课。

疫情爆发之后,德英乐教育迅速做出反应:一是针对"如何看待突如其来的疫情"这一议题,组织队员开展模拟联合国大会活动。经过激烈的讨论之后,每个队员对疫情都有了新的认识,认为疫情不可怕,危机可以促使队员成长。二是开展危机干预心理辅导。德英乐教育密切关注赛艇队员的心理状态，并请学校的心理老师预判师生可能出现的身心反应，并多次进行危机干预心理辅导，帮助受困师生以平稳的心理状态应对疫情所引发的负面情绪。

整个过程中，德英乐教育自始至终坚持一切从孩子出发的原则，全力保障孩子们一切安康，并动用一切资源力争让孩子们早日返沪。对滞留扬州的孩子们而言，这是一次不同寻常的人生课堂。他们感受到了各方的温暖，在危机中实现了成长。

有了各方支援和坚强的内心，德英乐赛艇队的师生们最后顺利度过了困境。实际上，正如疫情会带给我们危机一样，赛艇运动中也会出现各类运动损伤或突发事件。如何避免赛艇运动中的损伤，如何预防突发事件，正是我们需要关注的问题。

第一节　赛艇运动的安全指南
Safety Guidelines for Rowing

赛艇运动是一项水上运动，俗话说"水火无情"，一旦在赛艇训练或比赛时出现撞船、翻船等严重事故，可危及生命。为此，我们必须将安全问题放在首位，训练前要了解天气情况，做好热身活动，检查装备，选择合适水域；训练时要遵守航行路线，冷静处理危险情况；训练后做好放松活动，万万不可掉以轻心。

知识拓展

赛艇安全事故出现的原因

1. 不会游泳或游泳技术不过关而急于上艇练习。
2. 不熟悉水域环境，在有暗柱、暗礁，或没有航行标志的水域练习，造成撞船、翻船的事故。

3. 器材存在问题,如未拧紧桨栓螺丝,桨从桨栓中跳出,没有安装安全球(防撞球),船艇漏水、破损等。

4. 生理、病理因素,如运动员突发心脏病或生理性低血糖、中暑、抽搐等,导致昏迷溺水。

5. 组织管理因素,如安全分工不明确,未规定航行路线,救护措施不力等。

了解天气情况

由于赛艇运动通常在室外进行,所以天气变化应是参与赛艇运动前所要关注的重点,以便及时对水上运动做出相应的安排或调整,对突发天气变化有相应的预案,避免在大风、大雾、大雨等恶劣天气下参与赛艇运动,防止视野受限而导致碰撞翻船等事故的发生。因此,我们要养成及时查看天气预报的习惯,以便第一时间了解天气情况。

做好热身活动

热身活动可以降低肌肉和关节的粘滞性,预防受伤,因此,参加赛艇运动前要做好热身。赛艇运动的热身方式主要包括测功仪训练和一些辅助性热身训练。

1. 测功仪训练

采用测功仪进行赛艇运动热身是最常见的热身方式(见图2-1-1)。用测功仪进行有氧训练时,需要更加注重单桨的做功。如果在低桨频下完成训练,桨频在16~22桨/分为宜,此时心率一般维持在140~170次/分,不会特别高;而在进行无氧训练时,需要以更快的速度、较快的频率和更大的力量去拉桨,此时心率较高,可达到180~200次/分。所以,同学们在进行每次训练时一定要结合自身条件和训练状态制订科学的热身计划。

图 2-1-1

> **知识拓展**
>
> 测功仪
>
> 测功仪也称为划船机，是用来模拟水上赛艇运动的健身工具。它能锻炼到腿部、腰部、上肢、胸部、背部等全身 80% 的肌肉群，可以达到对全身肌肉进行有氧或无氧训练的效果。划船机不仅锻炼效果比较好，而且运动损伤的风险也比较小。目前，常见的划船机根据不同的阻力方式可分为风阻划船机、水阻划船机（液阻划船机）、磁阻划船机和液压划船机等。当然，划船机也有双阻力模式。不同阻力方式的划船机都拥有各自的优缺点，可根据训练需要进行选择。

2. 辅助性热身训练

辅助性热身训练主要有跑步、高抬腿、开合跳、小碎步跑等，都是一些常见的热身手段，却是提高安全保障的有效途径，同学们不要忽视。以下为几种常见的辅助性热身动作。

第二章　赛艇运动安全防护

(1) 手脚交替跳跃,见图 2-1-2。

图 2-1-2

(2) 侧方弓箭步,见图 2-1-3。

图 2-1-3

(3) 高抬提膝,见图 2-1-4。

图 2-1-4

(4) 四方位踢腿,见图 2-1-5。

图 2-1-5

需要注意的是,同学们如在参加赛艇运动时,感到不适或疼痛,应及时告知教练。如果动作正确,身体轻微不适或疼痛是正常的,但如果是因为错误动作而引起的身体不适,教练能及时帮助同学们纠正姿势,防止肌肉对错误动作产生长时记忆。此外为了保证自身安全,在开始练习之前也要将身体状况告知教练,以便教练做好安排。

检查装备与选择水域

1. 检查赛艇装备

(1) 确保滑座在滑轨上能正常滑行。

(2) 检查脚蹬架位置是否合适。可以通过调整脚后跟高度和脚蹬架角度,使之处于合适位置,以帮助桨手找到放松而有力的着力点。

(3) 检查鞋子的后跟带是否和脚蹬架绑定并且状况良好。确保能与脚蹬架上的鞋子迅速脱离,便于在危急情况下紧急逃生。

(4) 检查桨架上的所有螺母是否拧紧,桨长、桨架高度是否合适。

(5) 舵手应穿上救生衣。

2. 选择合适水域

赛艇运动应在静水水面上进行,避免水流、自然或人造波浪对比赛过程以及比赛公平性的影响。比赛水域应无明显刮风现象,附近不能存在可能造成水域不同条件的天然或人造障碍物,如树林、建筑物、杂物等。水域长度和水深应符合要求,水域中不能有硬质漂浮物、暗桩等异物,以防止船艇在高速行驶时碰伤艇身,造成危险。

遵守航行路线

严格遵守赛艇在水上行驶的航线,留意水面上其他船只的活动路线,避免发生碰撞。进行水上运动时,应避免在有水草的水域划行,如不慎进入,应减小划桨幅度和划桨力度,同时避免船艇被擦伤,尽快小心划离水草区。

做好放松活动

1. 呼吸放松

呼吸放松是针对赛艇练习时长时间保持坐姿或跪姿,膈肌上提的特点,采取平卧位调整呼吸达到放松效果的方法。它通过改变呼吸深度和频率,来降低心跳次数、改善心血管系统功能。

呼吸放松时,深呼吸和长呼吸把体内代谢的二氧化碳排出体外,将大量氧气吸入体内。其优势在于,可以使运动后较高的心率在短时间恢复到正常范围,可有效补充运动时过量消耗的氧气。

2. 按摩放松

按摩放松通过对疲劳肌肉进行按摩,缓解肌肉疲劳。针对赛艇运动后四肢血液分配较多的特点,可采用平卧位四肢的向心性推法进行按摩,使分布于四肢毛细血管的血液回流,保证心肌和大脑的供血,同时还可以改善局部微循环和局部新陈代谢,消除肌肉酸痛。

也可以对腰背部进行按压,促进腰背部肌肉的放松,还原腰背部小关节的正常解剖位置,避免出现小关节功能紊乱等症状。还可以对肩关节、膝关节进行放松按摩,使关节恢复到功能位。

3. 拉伸放松

采用简单、轻柔的动作对自身的肌肉、关节、韧带等进行拉伸,可以达到整理放松的效果,如进行下肢多角度拉伸运动等。

由于赛艇运动强度较大,在持续高强度的练习下会导致腿部肌肉中大量酸性物质堆积,肩部劳损。拉伸可缓解腿部肌肉紧张僵硬,恢复肩关节、膝关节正常活动范围，促进静脉血液回流，达到放松躯体肌肉和关节的目的。

 自主学练

1. 弓步压腿的学练方法：两手叉腰；右脚向前迈一大步，右腿屈膝，脚尖稍向内；左腿膝盖伸直，脚尖向前，两脚全脚掌地；身体正对前方，髋部向下压，腰部绷紧，重心在两腿之间。左右腿交替压。

2. 侧压腿的学练方法：身体左侧朝向肋木等支撑物，右腿支撑，脚尖稍向外，举起左腿，脚跟放在肋木上，脚尖勾起，踝关节屈紧，右臂上举，向头后伸展，左掌放在右胸前，将腿向肩后方振压，直到脚尖能接触到后脑勺；同样，双脚、腰都要挺直，以有效锻炼髋部和腰部。左右腿交替压。

3. 抱臂体转运动的学练方法：先以向左体转为例，右臂水平伸直指向左前方，左臂从右臂下方绕上来曲臂夹住右臂，肘部向正下方，保持与地面垂直。注意左臂夹紧右臂，然后右脚略微踮起，脚后跟离地，上肢带动腰部向左转动。注意双腿原地不动，在体转的过程中右臂须始终与地面平行，不要抬高或下垂。然后收回，换边。

4. 弯腰摸腿的学练方法：双脚打开大于肩宽，当然打开的幅度越大拉伸效果就越明显。然后弯腰，左手去摸右脚面，右手向同侧水平打开，与身体在一个平面上，肘部打直不要弯曲；反向亦然。

及时处理翻船情况

当出现可能要翻船的情况时，应立即采取应对措施：一方面不要放开船桨，因为它是稳定船身的重要工具；另一方面，做出稳定船身的姿势——伸直腿，坐端正，手臂伸直。同时，将桨叶平放在水面上，让船保持稳定。

即使采取了以上应对措施后，仍然出现了翻船事故，应注意以下几点：
（1）不要恐慌，任何时候都不要恐慌，保持清醒和理智。

（2）迅速把脚从鞋中挣脱出来，把头探出水面，抓住船。赛艇上每个桨手的滑座下部都有密封舱，所以即使倾覆，船身仍会保持漂浮状态。

（3）切莫长距离游泳自救。可以爬到船上，向岸上的教练呼救。抓住岸上的教练抛来的救援绳索，上岸。或抱艇保持体力，慢慢划向最近的岸边，或把桨卸下放在脚下（桨本身也有一定的浮力）。

请记住，水上运动都有一定的危险性。每位同学在进行赛艇运动前，一般要通过翻艇训练和游泳测试。

 头脑风暴

1. 热身活动是否要全身出汗才算达到效果？冬季和夏季的热身活动安排有哪些区别？

2. 赛艇运动属于水上运动项目，其突发事件较多，危险性也较高。请查阅相关资料，了解在赛艇运动中除翻船以外还可能有哪些突发事件发生，并详细说明解决方案。

第二节　赛艇运动的注意事项
Notes of Caution on Rowing

赛艇运动的注意事项主要包括健康饮食注意事项、下水前的注意事项、训练的注意事项三个方面。

健康饮食的注意事项

1. 日常饮食安排

划完一段赛艇标准竞赛航程至少需要 6 分钟，对耐力要求较高。同时，赛艇运动员的体重也不宜过重。由于青少年正处于生长发育时期，学习赛艇对体重控制无须严格要求,但在饮食中适当添加一些高糖类、高蛋白、低脂肪的膳食对提高赛艇练习效果有较大帮助。

糖类是人体主要能量来源之一,我们常吃的香蕉就是一种含糖类物质较多的食物。在大运动量期间,需要保证摄入充足的糖分,以确保有足够的体能完成大强度练习。同时,根据赛艇运动特点,需高度重视维生素和矿物质的补充,尤其是补充维生素 A、维生素 B_1、维生素 B_2 和维生素 C。

表 2-2-1 维生素的常见食物来源

维生素	常见食物来源
维生素 A	猪肝、蛋类、全脂奶粉、鸡翅、鸭血、猪肉、番茄、胡萝卜、南瓜
维生素 B_1	葵花子仁、猪大排、花生仁、黑芝麻、瘦肉、豌豆、黄豆、小米、豆腐皮
维生素 B_2	猪肝、冬菇、香菇、紫菜、鳝鱼、全脂奶粉、杏仁、蛋类、扁豆、黑木耳
维生素 C	鲜枣、豌豆苗、青菜、青辣椒、猕猴桃、西芹、大白菜、草莓、柠檬、橙子

营养与运动表现

人体运动是一个化学能转换为机械能的过程,这一过程包含产生能量和利用能量两个环节。产生能量涉及人体的供能系统和能源物质。人体运动需要三大能源物质,即糖类、脂肪和蛋白质,其他营养素也会通过影响三大能源物质的代谢供能,影响着人体的健康和运动表现。同学们可以根据表 2-2-2 来思考一下自己平时运动前后的营养补充应该有哪些注意事项。

表 2-2-2 三大能源物质在运动中的作用

三大能源物质	主要作用
糖类(如来自米饭)	产生能量(中高强度运动时)
脂肪(如来自红烧肉中的肥肉)	产生能量(低强度运动时)
蛋白质(如来自煮鸡蛋)	增加和保持瘦体重

2. 比赛前的饮食安排

一是注意赛前饮食时间。一般从比赛前 10 天开始进行营养调整,其目的是使同学们保持适宜体重,增加体内维生素储备和糖原的储备。

二是赛前餐应在赛前 2~3 小时完成,食物应易于消化和吸收。热量能满足比赛需要,而且食物体积和重量要小,以减少胃部负担。

三是赛前饮食要求高糖类、低脂肪和低蛋白质,富含维生素和矿物质。可选择的食物包括早餐麦片、果酱面包、果仁饼干、酸奶、水果、面条和米饭等。

3. 比赛后的饮食安排

为了使肌糖原(能量)得到快速恢复,应在赛后立即摄入 1 克/千克体重以上的糖类。然后,每隔 2 小时补充一次。这将在运动后 6 小时使肌糖原储备持续最大速率。此外,每次摄入量较少但补充频次增加也具有较好效果,运动饮料、水果和饼干等都是理想的食物。

另外,还应适当补充一些蛋白质,可提高糖原再合成速率。

4. 补水

如果运动中出现脱水,后果严重,轻则导致运动能力下降,重则导致热中风。一般而言,脱水 2% 或更少不会影响运动能力,但一旦达到 3%~4% 时就会导致运动能力下降,更严重的脱水可能会因热中风造成多器官功能失常,甚至死亡。

赛艇运动强度大,且在室外进行,因此身体水分容易流失,需要及时补充水分以满足身体机能需求。通常情况下,体重每减轻 1 公斤便需要补充至少 1 公斤的水;如果想在运动后保持水分平衡,同学们需补充 150% 的水分流失量。例如,一名学生在运动后体重减轻 1 公斤,便需补充 1.5 公斤水分。希望同学们高度重视补水,给自身安全一份保障。

> **知识拓展**
>
> **补充水分小贴士**
>
> 一是平日有足够的水分补充可提高运动表现。例如,于睡前 2 小时饮用 2 杯水(一杯水约为 200~250 毫升)以及清早起床后饮用 2 杯水,可避免早上训练前有缺水的情况出现。
>
> 二是在训练前 10 分钟饮用 0.5 杯水。
>
> 三是运动中应每隔 15~20 分钟饮 0.5~1 杯水。
>
> 四是在运动后,通过饮用纯净水来补水不是有效的方式,饮品最好含糖类物质及电解质,这样可同时补充肌糖原以及随汗液流失的电解质。当然,饮用纯净水并同时食用带盐的食物则既有效又经济实惠。

下水前的注意事项

(1)练习单人艇一定要结伴而行,不可单独行动。
(2)下水前要确认好脚蹬架上的安全绳是否系紧。
(3)一定要做好热身活动并对器械进行安全检查。
(4)初学者必须做翻船测试和游泳测试,且练习时应在教练视线范围内进行,经教练确认方可拓展练习水域。
(5)在航道区需要按照航道路线行驶,没有航道的区域尤其需要注意桨手后方,即赛艇前进方向,避免碰撞。
(6)在极端天气下,如大风、大浪、大雨,应取消下水。
(7)可佩戴心率带,确保训练不超过一定强度(如心率不超过 150 次/分)。
(8)建议日常多做体检,有心脏病或者高血压等疾病者慎上强度。

训练的注意事项

1. 训练负荷安排的注意事项

首先,做好赛艇训练负荷监控。可采用心率、血乳酸等生理生化指标来监控赛艇训练负荷变化情况,从而对练习过程进行科学监控。

其次,认清赛艇运动特点,把握赛艇运动规律。赛艇运动以有氧训练为主,不能片面追求高桨频、高乳酸的无氧训练,那样容易导致肌肉积累疲劳,造成运动损伤,从而影响竞技能力。

再次,循序渐进地增加运动负荷。在赛艇运动中,一般由小到大、由易到难、由简到繁,根据身体适应程度逐渐增加运动负荷,使身体机能和运动能力不断提高,应防止因负荷突然增大而导致损伤。

最后,合理安排恢复训练。在安排负荷时,负荷量与恢复训练程度应保持平衡,切忌出现负荷量偏大,而恢复性训练偏少的问题,否则不但会影响运动效果,甚至还会引发运动损伤。总之,应注意赛艇练习后的有效恢复。

自主学练

1. 静息心率的测定方法:数自己静息状态(如清晨刚起床时)每分钟心跳次数,普通成年人的静息心率应在60~100次/分钟之间。

2. 运动中实时心率的测定方法:运动进行至稳定状态时,将食指和中指放在颈动脉或手腕上数脉搏震动次数,计算15秒内的次数,然后乘以4即为自己的实时心率。也可以通过心率带或运动手表监控心率。

2. 测功仪使用的注意事项

(1)手柄不必抓死。不需要紧紧握住测功仪的手柄,只需保持手柄在手中不易滑脱即可,以防小臂疲劳积累。

(2)保持恰当的用力次序。要遵循蹬腿、腰部核心收紧、手臂后拉的用力顺序。

第二章 赛艇运动安全防护

（3）腰部核心收紧，要支撑住蹬腿的力量。每一次蹬腿，背和腿的运动方向要保持一致。

（4）不要突然发力。测功仪的阻力会随着拉桨速度提高而加大，所以匀加速的用力方式可以避免运动损伤。

（5）要维持合理的姿态，始终保持抬头挺胸，后背挺直，调整呼吸节奏。切记身体不可蜷曲，防止背部、腰部疲劳累积。

 **头脑风暴**

体脂率是衡量脂肪比例和身体形态的重要指标，指身体脂肪量和体重的比重。那么，对赛艇运动员而言，是否体脂率越低越好呢？如果是，请说明理由；如果不是，请说明在日常饮食中如何安排膳食营养来控制人体脂肪含量。

第三节 赛艇运动损伤的预防和处理
Prevention and Treatment of Rowing Injuries

赛艇运动损伤特点与类型

1. 赛艇运动损伤的特点

赛艇运动由于其技术动作复杂，运动强度大，易导致损伤。具体而言，因为划桨是周期循环动作，且需要持续的时间较长，身体主要运动部位容易积累疲劳，形成劳损。赛艇运动损伤主要集中于膝关节、肩部、背部、肘部，很少出现急性运动损伤。

2. 赛艇运动常见的运动损伤

上肢部位主要包括前臂伸肌群损伤、腕关节软组织损伤;肩背部包括肩背筋膜炎、肩峰下滑囊炎;腰臀部可能涉及腰肌劳损、臀上皮神经损伤等;下肢部位包括小腿伸肌群损伤、腘绳肌损伤等,具体可见表2-3-1。

表2-3-1 赛艇运动常见的损伤

部位	伤种	百分比(%)
肩背	肩背筋膜炎 肩峰下滑囊炎	13.48 1.42
上肢	前臂伸肌群损伤 腕关节软组织损伤	0.71 4.26
腰臀部	腰肌劳损 腰骶关节损伤 急性腰损伤 臀上皮神经损伤 梨状肌综合征 尾锥痛	41.84 0.71 0.71 0.71 0.71 0.71
下肢	髌肌腱病和髌尖末端病 髌骨软骨病 腘绳肌损伤 小腿伸肌群损伤	16.31 17.01 0.71 0.71

赛艇运动损伤的主要原因

1. 专项技术独特性

(1)腰部损伤。赛艇技术主要包括推桨技术和拉桨技术,这些独特的专项技术会造成特定部位或肌肉的损伤。例如,在拉桨过程中,运动员从推桨末期两手推桨到最大伸展位置,上体随手前倾,胸和大腿接触的体位开始,依次完成蹬腿、伸膝、伸髋、倒肩、屈肘、拉桨等动作,以使船体向前移动。在完成拉桨动作时,腰部需要承受较大应力,该应力通过腰部传导到上肢再作用于水产生效果,此时腰部肌肉起稳定脊柱的作用。拉桨末期,上体适当后倾以增加划水力量必然要加大腰部肌群的负荷,坐位的腰部负荷大于站位,从而产生腰部劳损。

(2)膝关节损伤。在划桨过程中,需要不断重复相同技术动作,使得膝关节疲劳积累,产生劳损,长时间的过量负荷导致膝关节损伤。此外,赛艇中女性膝关节损伤发生率更高,这与女性关节韧带松弛、骨盆较宽等因素有关。

(3) 肋骨疲劳性骨折。虽然发生率低于腰部、膝关节等部位损伤,但也比较高发。导致肋骨疲劳性骨折的因素包括:其一,过长距离训练和陆上训练时测功仪的参数定制过高;其二,一次训练运用的方法和手段过多;其三,使用装备不合适。

2. 不重视放松活动

在进行大强度的赛艇运动后,肩背部和腰部的疲劳程度较大,如果不及时放松消除疲劳,会使得疲劳肌肉长期处于紧张收缩状态,疲劳逐渐积累可发展成运动损伤及劳损。因此,需要重视运动后的放松活动。

3. 技术动作不规范

赛艇动作需重复进行,对技术动作的准确性要求很高。初学者大多未接触过赛艇运动,练习年限较短,再加上教练水平参差不齐,很容易因技术动作不规范导致运动损伤。例如,单桨赛艇属于不对称运动项目,在划桨时如果两臂用力不一致,技术动作不正确,可导致左右腰背肌肉力量相差较大,可形成肌肉脊柱侧弯,最后导致腰部损伤。

4. 活动安排不科学

因为不同年龄、性别的人群,其解剖、生理、心理特点不同;即使年龄、性别相同,个体之间在身体状况、生长发育、身体素质、运动水平方面也存在较大差异。如在赛艇时,不从自己运动基础和实际情况出发,只注重实施固定、无差别的训练计划,就会造成运动量安排不符合身体实际情况,负荷量过大而引起机体疲劳和运动损伤。

5. 身心状态不佳

一方面,身体状态不佳会导致运动损伤发生。如在伤病未痊愈或疲劳状态下仍然坚持赛艇练习,不仅会加重伤病,还会导致新的运动损伤出现。此外,随着生理机能下降,警觉性和注意力减退,机体反应迟钝,也是造成损伤的因素。

另一方面，心理状态不佳也会造成运动损伤。学生心情不好而训练时注意力不集中，积极性较低，信心不足，急于求成等因素，会导致训练出现意外事故，造成运动损伤。不过，学生高度兴奋，急于表现自己，盲目训练等也容易发生损伤。

6. 运动环境恶劣

主要有赛艇器材质量不达标，运动场地布局不过关等。例如，赛艇材料选择、制作、加工工艺等方面存在问题；运动场地不正规，在过硬的水泥场地上进行训练，在环境恶劣的水域中划艇等。这些恶劣的运动环境都可能引发运动损伤。

赛艇运动损伤的预防

1. 加强肌肉力量练习

（1）重视不同类型练习的均衡。目前，大家对动力性力量练习（等张练习）比较重视，而往往忽视静力性力量练习（等长练习）。有关研究指出，静力性力量练习对促进肌肉力量增长也很明显。因此，应注意在开展动力性力量练习的同时，加强静力性力量练习，保持练习的平衡。下面是三组静力性力量练习方法。

靠墙静蹲。双脚与肩同宽，背靠墙壁，小腿垂直于地面，大腿平行于地面，保持稳定。上身放松。30秒为一组（随着训练的推进，可延长每组时间），完成后休息30秒（见图2-3-1）。

1

2

图2-3-1

仰卧起身。身体向上平躺于垫子上,手臂垂直向上,下巴收紧,大小腿呈90度,大腿垂直于地面,腹肌收紧,肩胛部位离开地面,保持稳定。30秒为一组(随着训练的推进,可延长每组时间),完成后休息30秒。具体见图2-3-2。

图2-3-2

四足支撑。手掌和脚前掌撑于地面,腿部呈90度,身体与地面平行,手臂垂直于地面,进行稳定支撑训练。30秒为一组(随着训练的推进,可延长每组时间),完成后休息30秒。具体见图2-3-3。

图2-3-3

靠墙静蹲、仰卧起身、四足支撑循环练习,4组最佳。

(2)注意避免肌肉练习单一化。应将多种练习方法相结合,同时发展各个肌肉群,既要加强运动技术所需要的肌肉群(如斜方肌、菱形肌、肱二头肌、竖脊肌等)力量练习,还要注意协同肌(三角肌、背阔肌、臀大肌等)以及拮抗肌(前锯肌、胸小肌、腹肌、大腿后肌群)的练习。其中,腹肌的训练对预防腰肌劳损十分重要,当腹肌收缩时,腹内压增高,会从脊柱前方给予支撑,此力能够吸收和分散腰骶部负荷,减轻竖脊肌的负担,因此应得到足够重视。下面是几种腹肌练习方法。

平板支撑。利用双肘与脚前掌支撑地面,腹部核心收紧,腿蹬直,身体呈平板状态撑住。30秒为一组(随着训练的推进,可延长每组时间),完成后休息30秒。具体见图2-3-4。

图2-3-4

主动肌和拮抗肌

附着在骨骼上的肌肉中,收缩时使关节向一方运动的肌肉称为"主动肌",在主动肌对侧、节制其运动过度的肌肉称为"拮抗肌"。对于某一关节而言,要完成一定方向的运动必然是主动肌收缩、拮抗肌舒张。在外伤劳损等情况下,关节周围肌肉、韧带易产生疤痕、粘连、痉挛、挛缩等病理改变,进而导致相应关节的活动障碍。因而,了解各关节活动的主动肌和拮抗肌,对运动训练与比赛具有十分重要的意义。

坐姿收腿。坐于垫上,身体向后靠住手臂撑地,双腿并拢可微曲,收腹抬腿,放下时,腿部不接触地面。30次一组(随着训练的推进,可增加每组次数),完成后休息30秒。具体见图2-3-5。

图 2-3-5

俄罗斯转体。坐于垫上,提膝离开地面,身体向后靠,根据自身体能,选择相应负重,保持腿部不动情况下,向两侧转体。20 次为一组(随着训练的推进,可增加每组次数),完成后休息 30 秒。具体见图 2-3-6。

图 2-3-6

平板支撑、坐姿收腿、俄罗斯转体循环练习,4 组最佳。

(3) 力量练习时,注意使用恰当的辅助保护器具和保持动作姿势的准确性。如蹬腿力量练习时,腰部要有腰托,这样腰椎前凸接近直立位置负荷最小。俯卧两头翘练习时,在腹部下放一软垫以减少腰凸。仰卧起坐练习时采用团身姿势,即先使头颈保持屈位,然后腰段脊柱前屈使双肩稍离地面。这些都有利于减轻腰部负荷而又有效地发展肌肉力量。

2. 做好放松活动

在赛艇运动结束时做些放松活动,使肌肉被动伸展,促进血液顺畅流通,肌肉就能放松,疲劳就会得到积极地缓解和消除。

如果运动强度较大,身体局部负担较重,采用揉捏、抖动等被动按摩的手法,消除疲劳的效果会更好,并可防止肌肉劳损。另外,对酸痛部位进行静力牵张练习,也有助于缓解痉挛,使肌肉放松。牵张持续时间约1分钟,间歇1分钟,重复2~3次为一组。注意如在牵张过程中,疼痛并不减轻或甚至加重,则可能是肌肉拉伤,应立即停止练习并采取相应治疗措施。

3. 了解自身体质、机能

赛艇是一项对专项身体形态有着极高要求的体能类竞速项目,身材高大、四肢修长、身体素质良好的学生,在赛艇竞赛中更有优势。除了形态、素质、心理、技术等传统指标外,身体伤病因素也十分重要。

赛艇运动技术特点决定了其常见运动损伤的部位为腰部、背部和膝关节,因此在尝试赛艇运动时,要特别注意这些部位的健康状况,具有腰部慢性疼痛史、髌骨软化患者应避免参加赛艇运动。总之,同学们切记要注意自身体质、机能是否适合参加赛艇运动,以避免意外事故发生。

 自主学练

1. 胸部力量练习方法:做俯卧撑,当身体下降至胸部将要触及地面时,胸大肌极度绷紧,保持此静止状态8~10秒或稍长时间,然后放松。

2. 肩部力量练习方法:打开房门,站立于门框内,两臂下垂松握拳,手背朝前。随即两臂朝两侧分开,以拳抵住门框,好像要将门框撑开一样,三角肌极度绷紧,保持此静止姿势8~10秒或稍长时间,然后放松。

3. 背部力量练习方法：立姿或坐姿，两手叉腰，背阔肌绷紧，向两侧张开，保持此静止姿势 8～10 秒或稍长时间，然后放松。

4. 臂部力量练习方法：立姿或坐姿，两臂下垂，两手握拳，手背朝后。手腕尽力弯起，前臂肌肉极度绷紧，保持此静止姿势 8～10 秒或稍长时间，然后放松。

赛艇运动损伤的处理

1. 不同损伤部位的处理方法

（1）腰部疼痛。腰部疼痛的治疗，可采用冰敷、封闭、针灸和推拿等治疗手段，还要加强脊柱两侧的稳定肌和运动肌肉的训练。稳定肌又称深层肌肉，肌群通过离心收缩控制锥体活动并具有静态保持能力，能控制脊柱的弯曲度和维持脊柱的机械稳定性。

（2）肩背筋膜炎和腰肌劳损等慢性劳损。主要采用腰背部压痛点的手法治疗与针灸相结合的治疗方法。腰背部压痛点的手法治疗具有很好的疗效，具体操作如下：首先，患者取卧位，接受腰背部常规按摩，可以缓解腰背肌肉的痉挛，起到止痛效果；其次，拇指腹对病损肌筋膜的相应起止点和痛点进行压揉，先轻后重。部位如棘突间、横突旁、腰骶关节等处。

对肌肉明显痉挛的部位，采用针刺也有很好疗效。其要点是必须找准痉挛压痛点，直刺、斜刺均可，留针到针感消失（一般 10 多分钟），出针后肌肉痉挛可明显缓解甚至消失。

（3）髌肌腱病和髌骨劳损。可采用静力站桩和按摩相结合的方法。静力站桩可加强膝关节周围血液循环，起到舒筋活血的作用，促进损伤部位康复。站桩时间应循序渐进，以 5～10 分钟为宜。按摩时，对髌尖和髌周部位使用有一定强度的"刮"法，促进局部血液循环，有较明显疗效。

> **知识拓展**
>
> **运动中发生意外伤害的简单处理**
>
> 1. 擦伤。如擦伤部位较浅,只需涂碘伏消毒即可;如擦伤创面较脏或有渗血时,应先用生理盐水清创后再涂上碘伏消毒。
>
> 2. 挫伤。轻度损伤不需特殊处理,受伤部位经冷敷处理24小时后可用活血化瘀酊剂,局部可贴伤湿止痛膏;在伤后第一天予以冷敷,第二天热敷。较重的挫伤可用云南白药调敷伤处并加以包扎,隔日换药1次。每日进行2~3次理疗。
>
> 3. 扭伤。多发生在踝关节、膝关节、腕关节及腰部,不同部位的扭伤,其治疗方法不同。急性腰扭伤可让患者仰卧在垫得较厚的木床上,腰下垫一个枕头,先冷敷后热敷。踝关节、膝关节、腕关节扭伤时,将扭伤部位垫高,先冷敷,两三天后再热敷。如扭伤部位肿胀、皮肤青紫和疼痛,可用陈醋炖热后用毛巾蘸敷伤处。
>
> 4. 肌肉拉伤,即肌纤维撕裂而致的损伤。这种损伤可根据疼痛程度知道受伤的轻重,一旦出现痛感应立即停止运动,并在痛点敷上冰块或冷毛巾,以使小血管收缩,减少局部充血、水肿。切忌搓揉及热敷。

2. 常见的运动损伤处理方法

(1) 冷敷法。利用比人体温度低的冷水、冰块等刺激患处进行初期治疗,有止血、退热、镇痛、麻醉和消肿的作用。在遭到挫伤、关节韧带扭伤、早期肌肉拉伤等急性闭合性软组织损伤时,通过这种方法可以使血管收缩,减轻局部充血,抑制感觉神经,缓解症状。

方法:将毛巾用冷水浸湿拧半干(不滴水)后放在伤部,两分钟左右换一次;或者将冰块装入塑料袋内进行外敷。

(2) 热攻法。通过热疗,促进局部血管扩张,改善血液和淋巴循环,促进淤血和渗出液的吸收,具有消肿、散瘀、解痉、镇痛、减少粘连和促进损伤愈合的作用。适用于急性闭合性软组织损伤的中期、后期和慢性损伤。

方法:将毛巾在热水或热醋中浸透后,拧半干(不滴水)放于伤部,每次敷30

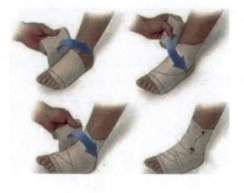

分钟。

（3）包扎法。包扎有保护伤口、减少感染、压迫止血、固定骨折和减少伤痛的作用，是损伤急救的主要技术之一。包扎常用的材料有绷带、三角巾等，也可用毛巾、衣物等代替，包扎应力求动作熟练、轻巧，松紧适宜。下面介绍的是用绷带或类似绷带的材料包扎的几种方法。

① 环形包扎法。常用于肢体较小部位、圆柱形部位（如腕部、额部、颈部等）伤口的包扎，或用于其他包扎法的开始和终结。包扎时打开绷带卷，把绷带斜放在伤肢上，用手压住，将绷带绕肢体一周后，再将带头和一个小角反折过来，然后继续绕圈包扎，第二圈盖住第一圈，最后一圈的带尾用胶布固定，或剪成 2 条，分左右绕回打结。

② 螺旋包扎法。绷带卷斜行缠绕，每卷压着前面的一半或三分之一。此法多用于肢体粗细差别不大的部位，例如上肢。

③ 反折螺旋包扎法。做螺旋缠绕时，用一拇指压住绷带上方，将其反折向下，压住前一圈的一半或三分之一，多用于四肢粗细不等的部位，如小腿、手腕和手掌。

④ "8"字包扎法。多用于关节部位的包扎，在关节上方开始做环形包扎数圈，然后将绷带斜行缠绕，一圈在关节下缠绕，两圈在关节凹面交叉，反复进行，每圈压过前一圈一半或三分之一。

（4）止血法。下面介绍的是几种常见的止血方法。

① 加压包扎法。小的外伤、毛细血管或小静脉出血，流出的血液易凝结，在伤口部位盖上消毒敷料，然后用三角巾或绷带加压包扎即可。

② 指压止血法。一般用于动脉止血。即用手指将出血动脉的近心脏端，用力压向其相对的骨面，以阻断血液来源而达到临时止血的目的。

③ 止血带止血法。四肢大动脉出血，不易用加压包扎或指压法止血时，可用止血带（橡皮带或其他代用品），绑扎出血部位的近心脏端。注意不能将止血带直接压在皮肤上，而先要用三角巾、毛巾等物将要上止血带的部位包垫好，高抬伤肢，再扎上止血带，其松紧度以能压住动脉血流为原则，绑后以肢端呈蜡色

为宜；如果呈紫红色则以能压住动脉血流为原则，系上肢应每隔20～30分钟放松一次，系下肢应每隔45～60分钟放松一次。必须记录伤者上止血带的部位与时间，并迅速送医治疗。

（5）药物治疗法。包括中医药物疗法、西医药物疗法两种。

① 中医药物疗法。主要是利用各种草药的不同药理药性，通过外敷，实现退热、消肿、止痛、舒筋、续断生新的功效。一般而言，内服云南白药、三七片等中成药，可以起到活血散瘀、消肿止痛的作用。

② 西医药物疗法。各种药水对皮肤损伤有比较明显的杀菌消毒作用，常用的外用药有碘酊（碘酒），各种消炎药膏等。内服的镇痛药种类也很多，如布洛芬等。

知识拓展

不同类型运动损伤的预防措施

1. 膝部运动损伤的预防。开展赛艇运动时必须进行大运动量的股四头肌力量练习，在器械上做划船练习和下蹲、蹲跳、楼梯跑练习。学生还要多做一些股内侧肌等等张力量练习以及渐进性的踝部抗阻直抬腿、踝部横弓的抗阻练习。

2. 腕伸肌腱炎的预防。要掌握正确技术，要用手指握桨，平桨时动作尽可能地放松，平时训练要加强腕部的练习。

3. 腰部疼痛的预防。必须掌握正确的划船技术，加强腹部和腰椎旁肌肉的力量训练，以及腰骶肌和腘绳肌腱的牵伸练习。划桨技术的掌握要循序渐进逐步提高。划桨训练开始时只练习背部和手臂动作并用力较小，然后逐渐加入腿部动作，用力也逐渐增大。多做些仰卧起坐和背伸练习可以加强腹肌和腰椎旁肌肉的力量，可以帮助维持腰部运动时的稳固性。腘绳肌腱的牵伸练习和牵拉背部肌肉屈伸练习都有助于预防损伤。

德英乐赛艇小故事

勇气(Risk-Taking)

我是一名普通的校赛艇队队员。记得我们在扬州赛艇训练营训练时，天气酷热无比，但是大家都认真训练，挥洒汗水，没有一个抱怨的。我们跟着教练在基地训练了一段时间后，技术与体能都已经到了一定水平。于是教练说，队员们，差不多了，准备迎接你们人生的新挑战吧。我们一听，就知道终于要去外面的大江大河里训练了，都很开心。这真是太好了，训练了这么久，终于可以到真实的环境中去体验风浪，而不是待在模拟训练的小池子里了，那多没劲啊。我的奶奶在1960年代就是上海市的赛艇队队员，她们当年就是在黄浦江的大风大浪里训练的。我从小听奶奶讲她们当时在黄浦江上拼搏的故事，一直十分向往，终于轮到自己了！

那天我们来到了京杭大运河扬州段的一条支流里训练。训练了近2小时，大家都很兴奋，可教练却表现得有点紧张。我有些不解，但没在意，只是和队员们一样兴奋，握着桨，奋力划。突然，只听教练一声呼喊："全体队员注意！"我们猛一抬头，赛艇前方一大片洪流涌现，土黄色的波涛汹涌地向我们扑来。大家有的开始惊呼，有的在喃喃自语。只听教练大喊："这是泄洪！大家提起精神，我们要逆水行舟了！我们不能被逼退！"伙伴们齐声大喊了一声："好！"个个都竭尽全力。

此刻，我们是在洪流中逆水行舟，水流十分湍急险恶，比平时更加考验我们的意志体力、技巧。教练告诉我们，这次泄洪是因为上游河南地区的特大暴雨。就在我奋勇划桨的同时，脑海中浮现出灾区人民与解放军战士们面对巨大灾难，共克时艰的情景，他们坚韧不拔，正是我们的榜样啊！此刻，我们的心与灾区人民同在。我们奋力划桨，就好像陪伴着他们，一同渡过难关。

扫码进入
视镜 | 德英乐赛艇

课外学习园地

自主学习

1. 在课外通过多种途径获得更多与赛艇运动安全相关的知识和方法。

2. 结合自身情况和赛艇运动项目的技术特点，制订个人锻炼计划。要求计划中包括锻炼目标、内容、方法和自我评价等。

3. 查找近五年来赛艇运动意外事件的相关资料，并对其发生的原因进行简要分析。

探究学习

1. 分析不同性质运动项目所需营养的特点及适合赛艇运动员的营养比例，并针对赛艇运动性质初步制订个人一周的健康食谱。

2. 结合自己了解的与赛艇运动相关的运动损伤处理方法，探究比较这些方法的异同点。

3. 赛艇运动是一种周期性运动，即相同动作按一定顺序循环进行的运动，且不同划桨阶段又可分解成多种技术动作，如果技术掌握不好会导致多种类型运动损伤出现。准确地判断运动损伤类型是处理运动损伤的前提。请查阅资料探究赛艇运动相关运动损伤的判断方法。

合作学习

1. 请你和同伴一起设计一种适合自身的赛艇静力性力量练习方法。

2. 在老师的指导下，两人一组，按照要求对赛艇装置（包括船桨、桨架、脚蹬架、滑座、滑轨）以及一些细小零件进行安全检查比赛，用时最短组获胜。

3. 与同学一起练习螺旋包扎法、反折螺旋包扎法、"8"字包扎法、止血法等一些运动损伤的常见处理方法。可邀请家长参与其中，展示学习成果。

自我评价

通过对本章内容的学习,想必大家在赛艇运动安全防护方面有了不少的收获。请同学们参照下表,对本章所学知识的掌握程度进行判断,了解自己的优势与不足。同时,不要忘记根据评价结果及时修正自身不足之处,从而取得更大的成绩。

评 价 内 容	是	一般	否
1. 明确赛艇运动安全防护的重要性。			
2. 了解赛艇运动安全实践准则。			
3. 能够说出赛艇运动的危险因素。			
4. 基本掌握和理解赛艇运动相关安全知识。			
5. 基本掌握急性和慢性运动损伤的处理方法和手段。			
6. 能遵守纪律,团结友爱以及具备较强的安全隐患防范意识。			
7. 具备运用所学知识冷静应对突发事件的能力。			
8. 能够对赛艇运动中的突发事件进行分析和指导。			
9. 能够主动发现安全隐患并及时解决。			
10. 学习期间能与同学互相合作,相互学习,共同提高。			

评价说明:请根据自己的学习情况,在上述的评价表格中用"√"在"是""一般"或"否"列勾选符合自己的选项。如果你勾选的"是"的个数在 9 个以上,说明你对本章的学习达到了优秀水平;如果你勾选的"是"在 6～8 个之间,说明你对本章的学习达到了合格水平;如果你勾选的"是"在 6 个以下,说明你对本章的学习尚未合格。

第三章 赛艇运动场地与设备
Rowing Venues and Equipment Requirements

你知道赛艇运动对场地有什么要求吗？
Do you know the requirements for rowing venues?

你知道赛艇运动需要哪些必要的设备吗？
Do you know any essential rowing equipment?

你知道如何借助测功仪进行训练吗？
Do you know how to train rowing with ergometer?

情境导入

桨：既是伙伴又是对手

清华大学赛艇队的一位队员回忆起第一次看见队伍训练的样子：随着一声"GO!"的口令，赛艇劈水前进。"1/4,1/2,3/4——"舵手发出的一连串短促有力的口令如连珠炮，桨手们手中 3 米多长的黑色大桨呼呼起舞，赛艇就像箭一样在水上飞射疾驰！当挥桨达到一定的频率时，口令又变为有节奏的"嘿，唰——嘿，唰——"，大桨忽而在水中翻起强劲的急流，忽而在水面上齐刷刷地划出亮丽的弧线，直叫人看得赞叹不已。练完了，有的队员撕下缠在手指上的创可贴。他们说，起了泡如果不及时处理，一和桨摩擦就很容易感染。此外，艇在行进中最危险的情况莫过于"别桨"，就是桨柄脱离手掌，在急流中会向桨手的面部猛击过去，躲闪不及就会受伤。

一位队员讲述了在千岛湖训练时的经历：那是一次与安徽队的较量，正是关键时刻，他的桨突然脱手，幸亏眼疾手快，大吼一声用力抓住了桨；划了没几次，突然桨又一次脱手，他仿佛被激怒了，感觉血涌上头，一路吼着奋力划桨拼搏，到了终点差一点累得昏过去。

赛艇的桨叶是让赛艇飞快前进的主要工具，桨板是赛艇运动员的忠实伙伴，可是万一不小心失去对它的控制，它也很有可能会让运动员受伤。赛艇运动员在赛艇比赛中努力地划桨，既是与桨板一起奋进，也是与桨板努力对抗。

桨板是赛艇运动中的一种设备。在参加赛艇运动前，我们需要对赛艇运动的场地与设备有充分的了解。

第一节　赛艇运动的场地
Rowing Venues

赛艇运动场地的大小和规格

大家都知道，不同的运动需要在不同的场地上进行。比如，在篮球场上打篮球，在田径场跑步，在游泳池游泳……赛艇也不例外。赛艇运动对场地的选择有一定要求，让我们一起来了解一下赛艇运动的场地吧。

赛艇比赛必须在静水（水风平浪静时的状态）水面上、从起点到终点都笔直且宽度一致的航道上进行。标准的赛艇场地示意图见图3-1-1。

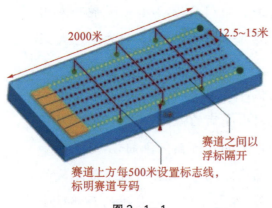

图 3-1-1

1. 长度

标准赛艇航道长2000米，相当于在标准田径场跑5圈的距离。比赛的水域除有长2000米的比赛航道外，在发令塔至起点，至少要有50米准备区，终点线外至少留有100米缓冲区。

2. 宽度

赛艇比赛场地一般设 6~8 条航道，每道宽 12.5~15 米，以 13.5 米为最佳。如果用田径比赛作比，那么赛艇就像田径选手一样在航道内向前飞驰。航道两边各留有 5 米的安全警戒水域。

3. 水深

最佳 3.5 米，这比一般泳池的最大深度还要深不少。同一比赛场地所有航道水深应一致的，水底如果均匀，水深不应少于 2 米；如不均匀，最浅处不应少于 3 米。

> **知识拓展**
>
> ### 德英乐的四大赛艇基地
>
> 德英乐教育为学生们提供了四大赛艇基地。值得一提的是，2021 年 9 月，德英乐教育在浦东片区新增一大训练基地——上海国际旅游度假区赛艇基地正式投入使用（见图 3-1-2）。此基地毗邻迪士尼度假区，赛道为全长 2 公里的标准赛道，拥有 A$^+$ 级训练艇 12 艘，巡逻救援艇 2 艘，可满足低、中、高级别运动员训练需求。
>
> 其他三大赛艇基地分别为：一是上海青少年赛艇运动发展中心——国内首个推广青少年赛艇运动的室内训练基地（见图 3-1-3）；二是上海闵行华翔绿地赛艇基地，此基地毗邻上海虹桥，河道全长 6 公里，可满足低、中、高级别运动员训练需求（见图 3-1-4）；三是上海浦东世纪公园
>
>
>
> 图 3-1-2　　　　　　　　　　图 3-1-3

赛艇基地,此基地邻近陆家嘴,是距离上海市中心最近的赛艇训练基地,河道全长5公里,可满足低、中级别运动员训练需求(见图3-1-5)。

图3-1-4

图3-1-5

赛艇运动的水域条件和浮标

1. 水域条件

赛艇运动应选择在静水中进行,航道方向要与赛季主导风向纵轴一致。航道内无流速、杂草、暗桩、暗礁,应尽可能避风,岸边不应有容易造成水面不平等风向影响的自然或人工障碍物(如树林、建筑物等)。比赛不应受天然和人工浪的影响,航道的两侧和两端均应有消浪条件。图3-1-6为一水域条件较为理想的赛艇运动基地。

图3-1-6

2. 浮标

航道由串联在一起的浮标区分。浮标间间隔 10 米或 12.5 米,浮标表面应该是柔软的,直径不得大于 15 厘米。整条航道上的浮标颜色呈规律分布。浮标从起点至 100 米为红色,从 100 米后至 1 750 米为橙色或白色,从 1 750 米后至终点为红色。每间隔 500 米或 250 米在整个赛道两侧应有明显的距离标志。图 3-1-7 中的白色球就是浮标。

图 3-1-7

赛艇运动场地的设施

1. 起航区

起航区是赛艇比赛的起始区域,指赛艇出发后第一个 100 米间的水域,以航道两侧距离起点 100 米处的两面白旗为结束标志。按阿尔巴诺航标系统,这 100 米内用红色浮标,以示区分。图 3-1-8 即一赛艇基地的起航区。

图 3-1-8

起航区又被称为断桨区,这是因为赛艇比赛在起航时较为激烈,运动员常常会全力以赴,争先出发。在激烈竞争中,船艇从静止到快速启动很容易出现赛艇器材损坏事故,特别是断桨事故,导致比赛无法进行下去。为此,国际比赛规定,在起航区内,赛艇器材如果出现损坏,运动员可以举手示意。发令员发现运动员有意外情况,即摇铃并挥动发令旗,召回全部比赛艇。经航道裁判员检查确系器材损坏,运动员可更换器材,再由发令员重新组织起航出发。在断桨区的一侧有一名持红旗的裁判员,他的职责是确定赛艇器材损坏是否发生在起航区内,若是,则立即举起红旗向发令员示意,如在起航区外发生损坏则裁判员不受理。

2. 发令塔

作为赛艇比赛专用设施,发令塔是发令员发号比赛命令的地方。在赛艇比赛开始时,运动员的船艇排在起航线后面,由位于起航线一侧的起点裁判员和取齐裁判员排齐船艇,使各艇的艇首在起航线上呈一直线。发令员则站在专门设置的发令塔上。发令塔设在起航线外30~50米处、3航道和4航道间的航道线的延长线上。

由于赛艇比赛场地水面辽阔,为了让各艇上的运动员均能看和听到发令员的各种信号,塔上供发令员工作的发令台至少要高于水面3米、但不超过6米。当取齐员在起点线一侧用白旗示意各艇已排齐,可以出发时,发令员即开始逐道点名。点名结束,发令员用英语叫"Attention(注意)",然后举起红旗。在稍作停顿之后叫"Go(出发)",同时挥下红旗。运动员看到和听到发令员的信号后,即可划艇出发,比赛也就开始。由于发令员在发令塔上居高临下,这就方便及时发现和处理运动员出发时可能出现的各种意外情况。

3. 阿格苏出发系统

又名"取齐控制器",是赛艇、皮划艇比赛的专用设施。这种系统在每一条航道的起航线上设有一个单臂挡板,挡板呈凹形。出发前运动员的船头顶在挡板凹陷处排齐,在发令员发出动令的同时,挡板向水中下坠,赛艇出发。如果抢航,船头顶向挡板则会被弹回,因此避免了人工扶船的抢航现象。

阿格苏出发系统最先被用于皮划艇比赛,1995年起被引入赛艇比赛,并于1996年亚特兰大奥运会上被正式使用。此系统采用的是灯光发令的方法,每个出发台都装有红、绿两盏灯,当发令员发出"Attention"时,红灯亮起,当发出出发信号时,绿灯亮起,比赛开始。

4. 叠标

由于赛艇运动是背向划进,运动员较难掌握正、直的航向,因此比赛时,在起点线外设置了类似准星的装置。该装置由一块高2.5米和一块高5米的标志牌组成,牌宽1米,中间为宽40厘米的黑带,两侧分别为宽30厘米的黄色色块。这两块牌一前一后相距约30米,矮的在前,高的在后,均处在每一条航道的正中间。

运动员在航道中划行时,可以看这两块牌上的黑线是否重叠成一条黑色直线。如果重叠成一条黑线,说明赛艇与航道中心线对直;如果两块牌上两条黑线不在一条线上,说明赛艇划行的航向有所偏移。叠标装置的原理类似于枪支的瞄准镜。这种叠标装置可以让运动员在 1 000 米以外仍能清晰看见。当运动员在航道正中划行了 1 000 米后,这时已经可以借助两侧浮标连成的航道看准航向,即使看不见远处的叠标,也可以在航道中划得很直了。

5. 计时、计分和名次牌

大型国内、国际比赛都必须设置电子计时、计分、名次牌,并与终点总电子计时系统联网。从出发到终点,每条航道运动员划行的速度、各艇先后名次、中途变化情况都通过大屏幕向观众展示。

6. 阿尔巴诺航标系统

1960 年第 17 届奥运会赛艇比赛在罗马阿尔巴诺城举行,首先采用了全程 2 000 米浮标分航系统。在该系统中,航标就像是串在一根绳子上的一颗颗珠子,不同颜色的珠子划分了航道的不同区域,十分有趣。图 3-1-9 中红色与白色球,即为阿尔巴诺航标系统中露出水面的部分。

图 3-1-9

这种航标系统的特点是在 2 000 多米长、100 多米宽的湖面下,用 7 根钢索架成 6 条航道,在每根钢索上间隔 10~12.5 米处设一浮标浮于水面。浮标采用橘黄色,其直径不超过 15 厘米。在 2 000 米比赛航道上,每隔 250 米设不同颜色的浮标。临近终点线的 250 米,全部浮标均为红色,以标明最后一段赛程。阿尔巴诺航标系统使整个赛艇比赛水域就像游泳池中泳道一样清晰,使比赛更加公正、合理。

7. 起航裁判工作室

起航裁判工作室比水面高 2 米,可容纳 4 人(见图 3-1-10)。离开第一道应不少于 15 米,不多于 30 米。工作室能够防雨防晒,起航裁判能清晰看清起航线运动员动态和发令员发出的讯号,起航裁判用无线电话与起航浮桥上戴耳机的扶船裁判员保持联络。工作室必须配置摄像机和监视器用以监视起航。

图 3-1-10

8. 终点塔和计时系统

图 3-1-11

终点塔结构稳固,是永久性建筑,坐落在航道的终点线延伸线上,距第一航道外侧约 30 米处,见图 3-1-11。终点塔内空间很大,包含电视摄像平台(约 20 平方米),终点摄像、计时、电脑系统(约 30 平方米),裁判工作室(10~15 平方米),广播评论工作室(约 10 平方米),竞赛组织室(约 10 平方米),国际赛联官员办公室(约 10 平方米)。此外,还设有 6 级终点裁判阶梯式席位,可容纳赛艇、皮划艇赛裁判 6~10 人。

终点塔层高不低于 3 层,不高于 7 层,高以 10~25 米为宜。高度应便于电视摄像、转播。终点塔各层窗子设在航道一面,视野应大于 180 度以保证无障碍观赛,最好是弧形门窗,为裁判工作和竞赛有关人员提供最佳的观察航道视角。

国际赛联明确规定,大型锦标赛和国际赛艇比赛在终点塔内主控室内必须设置高精度的电子计时系统,这个系统与大型计时计分名次牌联网,与成绩系统联网,与电视转播联网,与起点发令台、各分段计时台以及终点计时台联网,与电子计算机系统中心联网。计时系统必须具备同时计两组比赛的功能。

第二节　赛艇运动的设备
Rowing Equipment

赛艇运动需要的设备包括船只及相关设备,通讯联络设备以及交通设备等,让我们一起来了解这些设备。

船艇及相关设备

1. 艇

赛艇是一种专门用于比赛、训练的船艇,两头尖瘦、艇身狭长,艇身主要由玻璃钢、碳纤维等轻质材料制成。若从上方俯瞰赛艇的全貌就可以发现,赛艇的形状就像一个梭子(见图 3-2-1),具备极佳的流线型,能在水中提高速率。

图 3-2-1

最长的八人艇全长 17 米,最宽处为 57 厘米;最小的单人艇长 8 米,最宽处仅 29 厘米。安全球所在的位置为船头,稳舵所在的位置为船尾。与龙舟等传统船艇不同的是,赛艇桨手坐在艇上时,背朝着船头,面对着船尾。多人赛艇的桨位从船尾至船头依次编号。赛艇的一般规格见表 3-2-1。

表 3-2-1 常见的赛艇规格

艇别	重量	长度	宽度	深度
单人双桨(1×)	14 公斤	8 米	29 厘米	9 厘米
双人双桨(2×)	27 公斤	9.9 米	35 厘米	12 厘米
双人单桨(2—)	27 公斤	9.9 米	35 厘米	12 厘米
四人双桨(4×)	52 公斤	12.5 米	49 厘米	15 厘米
四人单桨无舵手(4—)	50 公斤	12.5 米	49 厘米	15 厘米
八人单桨有舵手(8+)	96 公斤	17 米	57 厘米	18 厘米

根据桨数的多少,可以将赛艇分为单桨和双桨(见图 3-2-2)。

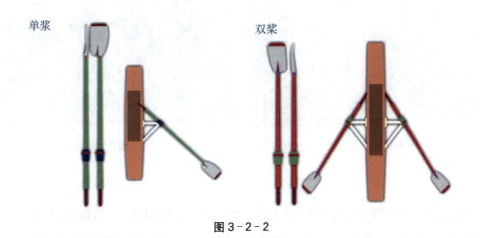

图 3-2-2

其中,赛艇单桨常见的有双人单桨(图 3-2-3)、四人单桨(图 3-2-4)和八人单桨(图3-2-5);双桨常见的有单人双桨(图3-2-6)、双人双桨(图3-2-7)、四人双桨(图3-2-8)。

图3-2-3

图3-2-4

图3-2-5

图3-2-6

图3-2-7

图3-2-8

2. 桨

桨是赛艇的重要配套器材(见图3-2-9),是划动赛艇前进的主要工具,主要用优质木材、碳纤维或这两种材料相结合制成,一般分双桨和单桨两种。

桨的一端为圆杆,称为桨柄,划桨时运动员握住这一部分后拉和推桨;另一端为桨叶,呈斧形或柳叶形,其作用为抓住水中支点,利用杠杆原理,支撑船艇前进。桨叶的大小和形状非常重要,这决定了运动员单次划桨的动作质量。现代赛艇桨都为斧形,单桨长3.68~3.82米,重2.4~2.6公斤;双桨长2.80~2.98米,重1.4~1.5公斤。

图3-2-9

 知识窗

赛艇船桨属于费力杠杆

赛艇静水比赛中,当运动员用船桨划水时,手中使用的船桨属于费力杠杆。杠杆平衡条件为动力乘以动力臂等于阻力乘以阻力臂。

那么,在杠杆平衡的条件下,动力大于阻力,动力臂小于阻力臂时,杠杆为费力杠杆。反之,则为省力杠杆。费力杠杆的特点是费力但省距离,其好处是并非真正"费力",而是节省动力移动的距离。这样在移动很小的情况下,可以使另一端的距离移动很多,从而达到预期的目的。赛艇运动的费力杠杆就是利用了费力杠杆省距离的优点。

3. 安全球

由于赛艇运动员背向前进方向,无法看见划行前方的情况。为了尽可能地避免安全事故的发生,规定在赛艇的船头上必须安装一个直径为4厘米、用软橡胶制成的白色圆球作为安全缓冲装置,称为安全球(见图3-2-10)。

4. 桨架

桨架通常由四五根铝合金细管组合焊接而成,其外端是一个可以打开和闭合的桨环(见图3-2-11)。桨放在桨环间,桨叶在水中,运动员划桨时,力量传递到桨栓柱上,利用杠杆原理推动赛艇前进。

图3-2-10

5. 脚蹬架

脚蹬架位于船舱的最前端,上有专门供运动员穿着的运动鞋。运动鞋固定在船艇上,有助于运动员划桨时蹬腿发力(见图3-2-12)。

图3-2-11

图3-2-12

运动鞋的搭扣通常由一细绳相连,方便穿脱。在出现意外或翻艇时,运动员能很快地拉开鞋带脱离赛艇,因此它被称为安全绳。脚蹬架的安装位置和角度与划桨的入水角、出水角直接相关,正确安装脚蹬架可以帮助运动员保持正确的划桨姿势。

图3-2-13

6. 滑座

滑座又叫座板,是赛艇中承载运动员的装置,以凹形的一侧为后,朝着船头的方向,其下端有四个相同的可以灵活滑动的轮子(见图3-2-13)。滑座的顺畅滑动有利于赛艇运动员充分运用腰背和腿部力量进行划桨。

7. 滑轨

滑座下有两条平行于赛艇纵轴的滑轨(见图3-2-14),滑座的四个轮子沿着滑轨前后运动,不同类别赛艇的滑轨间距和长度均有所差别。为了保证划水的有效长度,滑轨的长度一般为70~85厘米,从靠近船头处的滑轨顶端到垂直于桨栓柱横连线的长度不

图3-2-14

少于 65 厘米。

8. 稳舵

稳舵是赛艇艇壳下部的固定装置，状如鱼鳍，故又称鳍舵（见图 3-2-15）。它一般用金属制成，安装在艇壳下面纵轴线上，靠近艇的尾部，起着控制行进方向、保持稳定的作用。

图 3-2-15

9. 赛艇测功仪

赛艇测功仪（见图 3-2-16）是赛艇运动员进行技能测试和身体训练的专用设备，又名划船机、划艇机、划艇器、赛艇器、陆上划船器、室内划船器等。该器材自从 20 世纪 80 年代问世以来，在结构和功能方面不断发展和改进。目前有飞轮式、风轮式以及液压式三种。

图 3-2-16

测功仪对增强腿部、腰部、上肢、胸部、背部肌肉有较好的作用。每划一次，上肢、下肢、腰腹部、背部在此过程中都会完成一次完整的收缩与伸展，可以达到全身肌肉有氧练习的效果。

同学们可以在健身房看到赛艇测功仪，记得叫上你的小伙伴一起体验使用它的激情与快乐。

知识拓展

赛艇的调试方法

1. 装上桨架。
2. 将船置于水平位置。
3. 检查桨架平台是否呈水平状，否则应由木工协助调整修理。
4. 从船舷和滑轨处测量桨栓高度，检查左右舷高度是否一致，否则

第三章　赛艇运动场地与设备

进行调整。

5. 检查、调整桨栓高度。

6. 沿船的纵向调整桨拴的正确位置，装上活动拉杆，调好之后加以固定。

7. 检查桨栓间距。

8. 检查调整桨栓、桨叶的倾斜度。

9. 全面检查，拧紧各个部件上的螺丝。

10. 调整桨的内柄和外柄至合适长度。

头脑风暴

你了解各种赛艇的价格吗？请你查查资料，整理归纳。同学们可以发现，赛艇价格都不便宜。那么，如何推广和普及这项运动，让更多的人也能够体会到其中的魅力和乐趣呢？

通讯联络设备

（1）如果没有内部电话连接，全国比赛时，总裁判、检查裁判长（2名）、发令员、起点裁判、航道裁判（4名）、终点裁判长须各配备一个对讲机。由于起点联系频繁，为保证比赛不致延误和中断，有必要配备一对备用对讲机给发令和终点使用。

（2）发令员有扩音设备，每一扶船装置上有一小喇叭，以便控制起航和对起点附近的水域进行管理。

（3）如果没有自动起航装置，起点裁判与扶船人员应有小型联络设施，以便排齐船艇。

（4）终点应有音响设备，以通知船艇已达终点。

（5）至少应有6个手提喇叭供航道裁判和终点检录使用。

（6）较完善的场地设有分段计时、终点计时、终点大型电子计时牌的联络设备。

（7）起终点摄像的联络设备。

（8）广播、解说设备。

交通运输设备

赛艇的器材，如船艇、桨的运输、管理都比较复杂。例如，船艇、桨的价格非常昂贵，零部件又很多；船艇、桨既长又容易损坏。所以，无论是运输、搬运、搁放安置都要非常细致小心，防止损坏和意外的发生。防风、防火、防损坏都非常重要。

图 3-2-17

此外，还需以下交通运输设备：

（1）至少4艘航道裁判艇（见图3-2-17），至少1艘安全救生艇。

（2）综合运动会，应有一艘颁奖艇，并配备手提喇叭与对讲机。赛前还应配备一艘安全管理艇，在封闭航道慢驶，以管理水上交通。

（3）运送备用桨交通工具。

（4）运送裁判员交通工具。

（5）小型面包车一辆，作为交通联络、编排及成绩处理人员专用车。

监视设备

赛艇比赛中，由于赛艇数量多、赛艇行进速度快、场地空旷等原因，故需要电

图 3-2-18

子设备来辅助裁判员更加精准地完成工作。比如,起点裁判员利用取齐设备判断是否有赛艇抢航,终点裁判员利用终点摄像机来判断众多赛艇的冲线顺序。以下设备不可或缺:

(1) 终点摄像机及放像设备。

(2) 取齐与发令监视设备(见图3-2-18)。它要求将发令员取齐和起航线上所有船艇艇首排齐等镜头重叠在一个显示屏幕上显示,以便同时观察发令员和运动员的动作。另需要立即重放的功能。

(3) 规模较大的比赛,从船艇起航直至通过终点,均应有监视系统。

其他设备和用具

赛艇比赛还需配备以下设备及用具:

(1) 称艇用衡器,调艇架、量桨叶厚度卡尺。

(2) 称体重用衡器(两套)以及遮棚。

(3) 裁判用桌椅(起点、发令、分段计时、终点、检查)。

(4) 加重物以及船艇称量合格证标志。

(5) 照相设备及影集。

(6) 航道牌(20×18厘米)不少于10套。

(7) 打字机、复印机和配套用具,记事板(不少于12块),文具等。

(8) 抽签用具。

(9) 发令台大钟、黑板以及6个抢航或其他警告用标志(可用红球)。

(10) 10块多道次秒表。

(11) 4个望远镜(提供给总裁判、发令员、起点裁判、终点裁判)。

(12) 3台风速仪(设置在起点、途中、终点)。

(13) 8面裁判用红旗(其中2面75×50厘米,有一面对角有白线,旗杆长一米。另6面为60×40厘米,旗杆长90厘米)。

(14) 6面裁判用白旗(其中1面75×50厘米,旗杆长1米。另5面为60×

40厘米,旗杆长90厘米)。

(15) 5个裁判用手铃。

(16) 裁判用雨具及遮阳用具。

(17) 各种表格。

(18) 在水下码头处,应有2米×1米的训练、比赛航道管理示意图,以提醒各队注意水上安全。

运动之星

唐宾、金紫薇、奚爱华、张杨杨

2008年,在第29届北京奥运会赛艇项目最后一个比赛日,在女子四人双桨的决赛争夺中,中国队的唐宾、金紫薇、奚爱华、张杨杨凭借最后500米的冲刺以6分16秒06获得了冠军,打破了欧美传统强队的"垄断",实现了中国在赛艇项目上金牌零的突破。

图3-2-19

图3-2-19是她们领奖时拍的照片,多么灿烂的笑容。四位姑娘的优秀表现,又一次向全世界证明:赛艇,中国人也行!

德英乐赛艇小故事

创造力(Creative)

在学习赛艇之后,我才知道赛艇运动这一项水上竞技运动,包括了如人体工效学、物理学、流体力学、船舶设计建造学等多种学问。我和队友们在下水进行竞技训练之余,也会学习这些综合知识,并展开一定程度的实践。

其中，最让我印象深刻的是造船课。我们在经验丰富的导师带领下，自行设计船模，设计外观造型，解决动力问题，最终让我们自己所设计的"船"能够在平时赛艇训练的河道中"疾驰"。

在构思船体时，有一个小组的队员被中日甲午海战中英勇作战的致远舰吸引，同时也受到世界航海史上郑和下西洋用的宝船影响，于是他们计划结合这两者设计一艘新船。为此，他们参考了很多历史资料，走访了南京龙江宝船厂遗址，参观了郑和宝船模型，也参观了江南造船厂，更远赴威海卫，观摩北洋水师的历史遗迹。

最后，在导师的指导与队员们的通力合作下，这一发明创造终于成功了。一个风和日丽的日子，在日常赛艇训练的河道中，他们"放飞"了这艘满载爱国热情与对船舶热爱的"巨舰"。

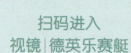

扫码进入
视镜|德英乐赛艇

课外学习园地

自主学习

1. 课外通过多种途径,收集、了解更多与赛艇运动场地和器材相关的知识。

2. 自主画出赛艇的结构草图并标注赛艇各个部位的名称。

3. 搜索自己喜欢的赛艇运动明星的成长之路,课余时间与同学分享。

探究学习

1. 在老师或家长的陪同下,借助赛艇实物,观察其构造,并思考可以使用哪些新的材料制造赛艇。

2. 在老师或家长的陪同下,赴赛艇基地观察、学习。结合所学知识,探究所选河段的水质情况(颜色、清澈程度、pH值、杂质成分及含量等)。要求以小组为单位设计探究方案,并完成探究记录表及探究报告。

3. 通过拓展实验,探究水质净化过程,并通过小组讨论完成思维导图,分享保护河道水环境的方法。

合作学习

1. 通过查阅书籍、上网搜索等,了解关于赛艇运动的一些简单的力学原理,并与同学分享自己的成果。

2. 请你和同伴一起,在老师的指导下,自行设定强度、时间和距离,运用赛艇测功仪进行一场陆上赛艇模拟比赛。

3. 分组收集关于赛艇场地和器材的知识或小故事,邀请家长参加你们的分享会。

自我评价

同学们,经过本章的学习,相信你们对赛艇的场地与设备有了更深入的了解,接下来就请同学自己检测一下对本章内容的掌握程度吧!

评 价 内 容	是	一般	否
1. 了解赛艇运动场地的大小和规格。			
2. 能够说出赛艇运动场地的一般设施。			
3. 了解常见赛艇的规格。			
4. 知道赛艇的分类(依据桨数)。			
5. 了解并且能够向同伴介绍划桨的原理。			
6. 了解安全球、滑座、滑轨等设备的作用。			
7. 知道赛艇测功仪的一般功能和使用方法。			
8. 知道赛艇运动交通、通讯和监视等相关设备。			
9. 能够自己设计并制作一艘赛艇的模型。			
10. 能够与同学、家长或老师交流本章的知识。			

评价说明:请根据自己的学习情况,在上述的评价表格中用"√"在"是""一般"或"否"列勾选符合自己的选项。如果你勾选的"是"的个数在 9 个以上,说明你对本章的学习达到了优秀水平;如果你勾选的"是"在 6~8 个之间,说明你对本章的学习达到了合格水平;如果你勾选的"是"在 6 个以下,说明你对本章的学习尚未合格。

第四章　赛艇运动专项技术及练习
Practice of Rowing Skills

你知道如何抬艇和下水吗？
Do you know how to carry a rowing shell and place it in the water?

你知道如何将赛艇划得更稳、更快吗？
Do you know how to improve your balance and speed in rowing?

你知道如何通过专项体能练习来提高赛艇运动的水平吗？
Do you know how to improve your rowing through special physical exercises?

情境导入

力气大就能划得快吗？

学校的赛艇俱乐部迎来了几名新队员，身材瘦小的小亮主动向人高马大的小壮下"战书"，提议两人在期末的比赛中，看看谁划得快。小壮毫不把他放在眼里，心想我比他强壮那么多，只要学会怎么划，就一定比他划得快，比赛还不是轻而易举地拿下？

转眼间，一学期过去了，到了两人约定比赛的时间。裁判发令，Attention, Go! 比赛正式开始！小壮使出了九牛二虎之力，拼命拉桨，可他的前进方向一会儿偏向左边，一会儿偏向右边，重心也摇摇晃晃。再看小亮，拉桨轻快、节奏适中，以绝对优势率先冲过了终点，岸边为他响起了阵阵欢呼与掌声。

小壮很苦恼，明明我的体质占据着绝对优势，怎么比赛不起作用呢？其实，力气大未必能划得快。要想划得快，还得掌握赛艇中的各种专项技术。

第一节　赛艇运动下水与上岸技术
Launching and Landing Skills of Rowing

赛艇平时都会被整齐摆放在艇库中。当需要调艇、训练或比赛时,就要将赛艇从艇库中抬出,抬到艇架或者水面上。作为一名赛艇运动员,掌握抬艇技能是基本。另外,将艇抬到码头放到水面上以后,还要知道如何正确地装桨、上艇。等训练结束后,还要知道如何正确地靠岸、下艇。这些必备的赛艇技术,关系着器材的保护和人身的安全。

下水

1. 抬艇、抬桨

赛艇训练、比赛前,须先将艇和桨从艇库抬至码头。抬艇时应注意避开桨架,一人对应一个桨位,从前到后依次站立在赛艇两侧,再分别用左右肩扛起赛艇抬至码头。在码头时,注意先将艇举起,靠码头外侧的脚紧贴码头边沿站立,再慢慢将艇放入水中,避免艇身与码头发生剐蹭,造成损伤(见图4-1-1至图4-1-4)。

图4-1-1

图4-1-2

图 4-1-3　　　　　　　　　　　　图 4-1-4

2. 装桨

将桨下边沿朝前水平放置。先将靠近码头一侧的桨装入桨环并拧紧桨栓帽（见图 4-1-5 至图 4-1-8）。再轻轻用桨叶将远离码头一侧的桨栓拨开，将桨放入桨环。注意桨柄上的挡片应装在桨环内侧。

图 4-1-5　　　　　　　　　　　　图 4-1-6

图 4-1-7　　　　　　　　　　　　图 4-1-8

3. 上艇、驶出码头

以双人双桨为例，上艇前运动员脱下鞋子并沿码头方向摆放整齐，1号位桨

第四章　赛艇运动专项技术及练习

手在岸上扶住艇,2号位桨手先抓住两个桨柄,将两只桨横放在船艇上,再将滑座向后拨,脚踏上左右滑轨中间贴有胶皮的踏脚区域后坐下,待在滑座上坐稳后,一手握桨,一手将桨栓帽拧紧,分别将左右两只桨装好,最后穿上鞋子。随后,1号位桨手以同样方式上艇。初学者可在所有人都上艇准备就绪后,将靠码头一侧的桨收起,先以手推岸再以桨叶推岸驶离码头。学会保持平衡且技术较为熟练后,可在上艇时一脚上艇一脚蹬岸,离开码头后再拧紧桨栓帽,穿好鞋子(见图4-1-9至图4-1-14)。

图4-1-9　　　　　　　　　　图4-1-10

图4-1-11　　　　　　　　　　图4-1-12

图4-1-13　　　　　　　　　　图4-1-14

上岸

船艇驶回码头时,桨手视情况翘起靠近码头一侧的桨,避免桨叶与码头发生磕碰,靠岸时一手支撑缓冲,以免艇和码头发生碰撞。以双人双桨为例,1号位桨手平桨保持船艇稳定,2号位桨手将外侧桨的桨栓帽拧松,并打开桨栓卸下外侧桨,一手拿桨起身上岸,扶住桨架,再由1号位按相同顺序起身上岸。然后,两人将内侧桨卸下,再一起将艇和桨抬回艇库。学会保持平衡且技术较为熟练后,两位桨手可重心靠向码头一侧,同时解开桨栓(见图4-1-15),卸下外侧桨,先后上岸。

图 4-1-15

第二节　赛艇运动划桨技术及练习
Paddling Skills of Rowing

相比力量、耐力等,掌握赛艇专项技术是保证赛艇运动员取得好成绩的关键。没有技术作保证,体能再好,也是徒劳。其中,划桨技术是重中之重。

握桨方法与正确坐姿

1. 握桨方法

(1) 单桨。单桨的正确握法见图4-2-1;图4-2-2为常见的单桨错误握法。

图 4-2-1　　　　　　　　　　　　　图 4-2-2

在操纵单桨时，两只手之间的距离不应该小于两手宽。这个宽度应该让两只手处在与肩同宽的舒适位置上。双手自然握住桨柄，两个大拇指都应该放在桨柄的下方。外手（处在桨栓远端的手）控制桨柄的高度，内手控制桨叶的水平和垂直，并在转桨过程中提供表面的压力。外手手腕在划桨周期中保持水平，桨柄在外手手掌中旋转。

（2）双桨。双桨的正确握法见图 4-2-3；图 4-2-4、图 4-2-5 为常见的双桨错误握法。

  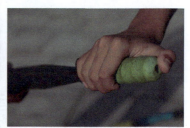

图 4-2-3　　　　　　　　图 4-2-4　　　　　　　　图 4-2-5

在划桨周期中，把大拇指顶在桨柄的末端，其他手指则负责扭转桨柄，在回桨时把桨叶从垂直转为水平，拉桨时则从水平转为垂直。要尽量避免腕部的多余动作，手腕在这一过程中应该放平。如果桨手手握桨柄的范围过大（见图 4-2-5），那么手通常会呈拱形，将不能很好地控制桨叶。对桨叶的控制通常会随着练习越来越轻松。但是，如果桨柄太大或是太小，桨手同样有可能出现握桨太紧的问题。所以，选用桨前要先试试桨柄是否合适，通常以能够轻松转动桨柄为宜。

2. 正确坐姿

桨手双眼平视前方,双手握桨尽可能前伸,上半身以其髋部为轴,前倾15～30度,腰背部保持挺直,膝盖弯曲使滑座收至最前端,以小腿胫骨垂直于地面为宜。图4-2-6为桨手在划船机上模拟的正确坐姿。完成此姿势后,胸部和大腿比较靠近,脚后跟处于略微抬起的状态。桨手的身体应正直朝前,双腿自然收拢,在保持躯干部肌肉支撑的条件下,肩部放松,双手尽量向前向外伸展。此时,身体的重心位于滑座与脚蹬板之间,整个身体处于一种向前向上的趋势。

图4-2-6

水上划桨基本动作

为了便于分析,我们将一个完整的水上划桨周期划分为入水、拉桨、出水、回桨四个阶段,这也是划桨的四个基本动作。

1. 入水

入水指桨叶入水的过程,也称为前转换动作,是前一个划桨周期的回桨动作与下一个划桨周期的拉桨动作之间的衔接转换。桨叶入水位置、角度的不同会导致桨叶在水中运动路径的不同,从而直接影响拉桨的有效性。因此,对于同学们来说,掌握正确的入水动作十分重要。

(1)准备姿势。即准备好正确的握桨姿势及正确的坐姿。准备完毕后,可以将注意力集中于桨叶的入水。

(2)提桨入水。提桨入水时,眼睛正视前方,整个身体姿态要和准备姿势保持一致,在避免身体前趴的同时尽量向外伸展手臂及肩部,大腿、小腿尽量靠近,为蹬腿蓄力。在此基础上,将桨柄快速上抬10厘米左右,使桨叶轻柔迅捷地垂直入水,桨叶入水正确会在水面激起V形水花(见图4-2-7)。水花只朝向艇头、只朝向艇尾或没有水花都是不对的。前两者说明入水的角度没有掌握好,而没有水花则可能是因为在桨叶未入水时桨手已经提前蹬腿。需要强调的是,蹬

图 4-2-7

腿几乎始于桨叶完全入水的同一时刻，只有入水和蹬腿协调配合，动作才会变得更加有效。

桨叶入水的深度和桨叶宽度几乎一致，桨叶上边缘和水面持平即可，也就是说，当桨叶垂直入水，与水的接触面积刚好达到最大值时是入水的最佳深度。入水过浅会导致拉桨作用面积过小，拉不到足够的水就无法传递给艇最多的力量，而入水过深则会导致力量的空耗，事倍功半。此外，两边桨叶入水深度不一致还会影响赛艇的平衡，进而影响节奏和艇速。所以，提桨入水动作非常重要，也是技术难点之一。

学练提示

重点：上身充分伸展，桨叶快速入水。

难点：入水和蹬腿的协调配合，入水时机的把握。桨叶沾水后快速蹬腿建立支点。

易犯的错误：

（1）身体过分前倾，没有将手伸到最远端。

（2）桨叶入水时未达到合适的深度或未转到与水面垂直状态。

（3）桨叶未完全入水就开始蹬腿发力。

知识拓展

入水小技巧

在正式开始训练前，可以在队友平桨的情况下，试着在入水点松开桨柄，手顺势跟随桨柄上提，此时桨叶的入水深度和桨叶宽度相同，就达到了技术要求。进入训练后，寻找之前尝试的感觉，慢慢就能掌握正确的入水深度了。

2. 拉桨

拉桨是整个动作周期中为船艇提供动力的阶段,桨叶入水后,桨手蹬腿发力的同时,牵拉桨柄,带动桨叶划水,从而推动赛艇向前(见图4-2-8)。在拉桨过程中,身体姿态、力量分配以及桨叶的运行轨迹会影响拉桨效率,所以,要掌握正确的拉桨方式。

图4-2-8

拉桨时,腰背部应保持挺直,双臂伸直,双手手腕保持平直,使得桨叶在水中沿水平方向运动,不能上下摆动,否则会造成能量的损耗,艇身也会发生晃动。

拉桨过程中,不需要将桨柄握得太紧,应感觉到手像弯钩一样将身体悬挂在桨柄上,从而充分利用自身体重带动桨的运动。随着动作的进行,身体重心由脚蹬板处逐渐后移至滑轨后端。整个拉桨过程应以正确的动作顺序进行,全身的肌肉群协同工作,拉桨前期(蹬腿)、拉桨中期(后倒)、拉桨后期(曲臂)三个阶段的力量分配比例约为6:3:1。

（1）拉桨前期（蹬腿）。完成入水动作的瞬间，也就是桨叶恰好完全入水的瞬间，立即蹬腿发力，上身身体姿态保持不变，挺直腰背部，利用背阔肌发力锁住身体框架，双臂伸直放松，像一根绳索一样牵拉桨柄。具体见图4-2-9。

图4-2-9

（2）拉桨中期（后倒）。在蹬腿至3/4行程时，上身由前倾姿态后倒15～20度，背部肌肉发力，肩部保持固定，手臂仍只起到牵拉作用。在后倒时要懂得利用自己身体的重量，保持手臂的高度不变以保证拉桨轨迹水平。具体见图4-2-10。

图4-2-10

（3）拉桨后期（曲臂）。待桨运动到与艇体接近垂直的位置，此时逐渐加强手臂的主动牵拉，腿、背、手臂协同发力，肘关节弯曲，向后自然打开和身体约成45度角，动作与扩胸运动相似。拉桨结束时，桨柄应处于距离胸肋处约10厘米的位置，勿拉桨过高或过低。另外，在拉桨结束瞬间，桨叶仍需有力地支撑在水中，以保证船艇的平衡，切忌过早出水。具体见图4-2-11。

图4-2-11

学练提示

重点：拉桨时充分利用腿部和背部力量。

难点：划桨过程中腿、背、手的发力，既要有先后顺序，又要连接紧密，才能完成匀加速拉桨过程。

易犯的错误：

（1）在蹬腿动作完成之前就开始曲臂。

(2)拉桨时没有使用双腿的力量,而依靠手臂来发力。

(3)拉桨时桨叶深度忽深忽浅,没有使桨在水平方向上运动。

知识拓展

拉桨结束时如何出水

拉桨结束时,桨叶刚刚对水产生了非常大的作用力,水也给了桨叶一个反作用力。而良好的出水就是利用这个反作用力,让桨叶从水中"弹"出来,而不是硬生生地从水中拔出来,更不是在水下转桨把它转出来。后两者都是非常容易犯的错误,有些同学可能划了几年还没掌握规律。

3. 出水

出水是指桨叶出水的过程,又称为后转换动作。它衔接着拉桨与回桨,是一个迅速而微妙的过程,需要掌握好时机。出水太早会导致拉桨距离缩短,出水太晚则对艇的前行产生反作用力,且容易发生别桨,二者均会使艇速降低。

拉桨动作结束时,桨柄被牵拉至胸肋前10~15厘米处,此时两手迅速向下轻按桨柄,用手腕和小臂的力量使桨柄做后下方的弧形运动,带动桨叶自然出水。在桨叶出水的一瞬间,身体重心落在滑座上,双腿放松伸直,双脚对脚蹬板的蹬力消失,全身肌肉均处于放松状态。在此过程中,双腿及臀部需保持稳定,以免造成艇身的晃动。

出水时应注意先按桨后转桨,动作要干净而迅速。利落的出水动作可以将艇前行的阻力减到最小,缓慢粘滞的出水则会对艇造成阻力。

学练提示

重点:利用拉桨的反作用力快速转换出水回桨。

难点：出水的加速度和拉桨的高度不到位，导致出水时拖带水花。

易犯的错误：

（1）桨叶出水过早或过晚。

（2）一边按桨出水一边转桨。

（3）出水拉桨速度不够，导致出水拖泥带水，转换不够连贯。

---

4. 回桨

回桨阶段指的是桨叶出水后，恢复到下一桨入水阶段的准备动作，为下一次拉桨打好基础。正是一个个连贯协调的动作周期驱动着赛艇不断向前。回桨过程见图 4-2-12。

图 4-2-12

完成出水和转桨后，需按照手、身体、腿的顺序依次复位。双腿先伸直不动，双手水平向前将桨推离身体。双臂完全伸直后,带动上身以髋关节为轴复位前倾。保持上身姿态不动,双腿放松屈收并向前匀速移动滑座,直至上身呈前述桨叶入水时的正确姿势。在此过程中,全身肌肉呈放松状态。

回桨时,应注意使桨叶完全离开水面,桨柄运行接近脚蹬架时,一边推桨一边连贯地将桨叶转至与水面呈90度角。注意,是随着收腿逐渐由水平转至垂直。若转桨过早,垂直状态下回桨过程中桨叶受到的空气阻力增大,造成艇速降低,也不利于保持平衡;若转桨过晚,则会使入水节奏受到影响。另外,桨叶还需与水面保持一定的距离。若桨叶太靠近水面,艇身的自然运动会受到限制,易发生打水现象,影响桨手动作的灵活度,而且在转桨入水时不得不再次抬高桨叶,易使艇身晃动,阻力增大,并导致桨频降低。

学练提示

重点:回桨的先后顺序是,先出手,再回身体,后收滑座。根据艇的速度来顺势回桨。

难点:感知艇速,利用惯性回桨。

易犯的错误:

(1) 身体未复位就开始屈腿。

(2) 有勾脚尖动作,使得回桨时滑座运行过快。

知识拓展

拉桨与回桨的特点

在一个划桨周期中,拉桨与回桨的节奏有所不同,所占时间比例约为1∶2,其特点可简单概括为"快拉慢回,拉桨用力,回桨放松"。无论是拉桨还是回桨,手腕均保持水平。此外,每一个划桨周期均为连续的过程,各阶段的动作应连贯流畅地完成,不可拆分停顿。划桨时平视前方,将注意力集中于身体的动作,不应转头看自己的桨。

划桨技术练习:测功仪训练

划桨技术除了在水上直接练习外,更多的是利用测功仪进行训练。测功仪(即划船机)训练是赛艇训练中不可或缺的一环。其优点是不受天气条件、技术水平影响;不需要花费力气去保持平衡;在运动过程中可以更好地体会在划桨不同阶段的身体姿态;可以通过调节表头看到自己的桨力曲线图,实时修正发力顺序及蹬腿时机;等等。

1. 准备工作

(1) 熟悉测功仪各组成部分及名称,了解测功仪保养基础知识,检查测功仪表头电量及各部件状态,在确认机器整体状态良好的情况下使用。图4-2-13为一常见的测功仪。

图4-2-13

(2) 将测功仪的阻力阀门调节到合适的档位。档位数字越高,测功仪所对应的阻力越大,划桨所需做的功就越大。对于新手来说,建议档位不超过3档,这样更有利于运动员在划的过程中保持正确的身体姿态,过高的档位容易导致技术动作变形。

(3) 将表头显示屏调整到便于观察的高度,不要低于平视时的视线高度。

(4) 将手柄放置于手柄挂钩处,以便在把脚固定到脚蹬板上后拿取手柄(机器使用完毕后,要将手柄放回拉桨链底部)。

(5) 调节脚蹬板高度,将脚放入脚蹬板合适位置并拉紧脚带,使小腿在做入水动作时能与地面垂直。

2. 练习要领

(1) 准备姿势。准备姿势要求背部挺直,手伸直,眼睛目视前方,腿弯曲,最大程度地压缩身体。这时肩膀与手臂肌肉自然放松,腹部肌肉适度收紧(见图4-2-14)。

图 4-2-14

（2）拉桨阶段。拉桨阶段可分为这样几个技术动作：

① 做好准备姿势以后，立即蹬腿发力，上身身体姿态保持不变，挺直腰背部，利用背阔肌发力"锁住"身体，双臂伸直放松，像一根绳索一样牵拉手柄（见图 4-2-15）。

图 4-2-15

② 在蹬腿至 3/4 行程时，上身由前倾姿态后倒 15～20 度，背部肌肉发力，肩部固定，手臂仍只起到牵拉作用。在后倒时要懂得利用自身的重量，使手臂的高度保持不变以保证拉桨轨迹水平（见图 4-2-16）。

图 4-2-16

③ 蹬腿结束时,逐渐加强手臂的主动牵拉,腿、背、手臂协同发力,此时肘关节弯曲,向后自然打开和身体约成 45 度角,动作与扩胸运动相似。拉桨结束时,桨柄应处于距离胸肋处约 10 厘米的位置,勿拉桨过高或过低(见图 4-2-17)。

图 4-2-17

(3) 回桨阶段。首先双腿伸直不动,双手水平向前将桨推离身体。双臂完全伸直后,带动上身以髋关节为轴复位前倾(见图 4-2-18)。然后,上身保持不动,双腿放松屈收并向前匀速移动滑座。在此过程中,全身肌肉呈放松状态。

图 4-2-18

3. 模拟练习

（1）按转桨练习。双腿保持伸直，上身保持后倾，后背挺直，腰背始终保持呈一条直线，肩部、颈部放松，手腕放平。双臂发力拉桨，当双手触及胸肋处，肘关节呈弯曲状态，上臂向后自然打开和身体约成 45 度角。此时稍向前下方按手柄，后沿水平方向向前推手柄直到手臂伸直，恢复原来的姿势（见图 4-2-19）。重复练习此动作。

1

2

图 4-2-19

> **学练提示**
>
> 重点：体会水平拉桨和回桨动作，感受在后转换动作时身体躯干姿态和肌肉感觉，同时在练习中感受每一桨的出水节点。
>
> 难点：拉桨和回桨水平用力，依靠背阔肌和肘关节的方向来控制拉桨方向。

（2）直腿划练习。双腿保持放松伸直，背部带动手臂拉桨，身体至出水位置。随后按桨推手，在手柄向前运动至膝关节上方时，上身前倾 20～30 度，恢复为起始姿势（见图 4-2-20）。重复练习此动作。

1

2

图 4-2-20

学练提示

重点：练习拉桨、回桨过程中手臂和躯干的配合及正确回桨顺序。

难点：依靠背部发力快速带动手臂屈臂，拉桨结束的瞬间发力同时结束，技术协调连接紧密。

（3）直臂蹬腿练习。先做好入水动作，然后开始蹬腿，上身和手臂保持不动，躯干与髋骨之间的角度保持不变，双腿伸直后稍微暂停片刻，然后缓慢收腿回桨，恢复为起始姿势（见图 4-2-21）。重复进行这一动作练习。

1

2

图 4-2-21

> **学练提示**
>
> **重点**：练习依靠蹬腿发力来拉桨，体会将自身重量悬挂在手柄上的感觉；学会缓慢、放松地回桨。
>
> **难点**：腿部和背部协调同时用力，避免先蹬腿或先倒体的现象出现。

（4）改变划程练习。改变划程练习上半身动作和直腿划练习时的动作一致，不一样的是需要调整收腿也就是滑座移动的距离，即划程。划程可以大致分为 1/4 划、1/2 划、3/4 划和全桨划。以 1/4 划划程练习为例，将滑座向表头方向移动 1/4 的距离，此时手柄约在脚腕正上方，准备好后，先蹬腿，再倒体曲臂，而后手臂、身体、双腿依次复位，双腿仍复位至 1/4 位置处，重复练习。其他几种划程依此类推，1/2 划程时手柄约在脚尖正上方，3/4 划程时手柄约在手柄挂钩正上方，全桨划时双腿要尽力收拢使手柄接近链条底部。

> **学练提示**
>
> **重点**：体会蹬腿发力与后倒曲臂之间的衔接，在拉桨末期要尝试将三种力融合，达到一种协调的状态。
>
> **难点**：准确地控制好每一个动作的划程精准度，以免划程混淆。

（5）超低桨频练习。练习以正确的动作顺序完成一个划桨周期，从出水动作开始，以大约每分钟 10 桨的慢桨频依次完成入水、拉桨、出水、回桨动作。重复进行练习。

> **学练提示**
>
> **重点**：使身体各部位协调配合，以正确的动作顺序完成一个划桨周期。练习时应尤其注意拉桨时正确顺序为"蹬腿、后倒、曲臂"，回桨时则相反，手臂先回位，随后依次是身体、双腿，不可混淆。
>
> **难点**：把握正确的发力顺序。

(6) 完整动作练习。以大约每分钟 18 桨的桨频依次完成入水、拉桨、出水、回桨动作,重复进行练习。

> **学练提示**
>
> **重点**:体会划桨的节奏,要注意"快拉慢回",拉桨用力回桨放松,连贯地完成划桨动作。
>
> **难点**:能合理控制划桨的节奏。拉桨过程中做到匀加速。

水上动作练习

艇体在水中的平衡往往会受到水流的影响,而保持好平衡是完成高质量的划桨动作的基础。一般来说,初学者上艇后首先要学会与其他桨手配合使船艇处于平衡的状态。划桨时,任何一个与其他桨手不同的动作都会影响合力,弱化效果,甚至导致相互碰撞。因此,所有桨手的划桨保持同一高度与节奏很有必要。水上动作练习皆围绕这两个要求进行。

1. 平衡练习

左右桨手分别将桨抬高、压低,然后再分别压低、抬高,交替进行。在舵手或领桨手的指挥下,练习使艇保持平衡。

> **学练提示**
>
> **重点**:感受抬桨、压桨对整条艇的平衡的影响,学会与其他桨手一同保持平衡。
>
> **难点**:适应并克服赛艇倾斜过大时的心理压力;多人艇练习时需要统一动作幅度。

2. 分组划练习

在划进时,以 8 人艇为例,先由 4 人划桨,其余桨手平桨,轮流进行练习。随后,再增加至 6 人划桨,最后全体桨手一同划桨练习。

> **学练提示**
>
> **重点**：在练习时，学会与赛艇上的其他桨手进行配合，做到所有动作同步、拉桨和回桨高度相同，使赛艇平稳流畅地行进。
>
> **难点**：在四人交替轮换中减少停顿、稳定节奏。

3. 分解定位练习

分解完成入水、拉桨、出水、回桨动作，在各动作完成后进行停顿，由教练或舵手指正动作。

> **学练提示**
>
> **重点**：通过分解学习，确定各阶段身体姿态及位置定位，改进划桨动作。在练习时应注意入水时身体是否过分前倾或竖直，双腿是否收紧，提桨时手腕是否保持平直，桨叶是否垂直入水，入水深度是否到位；拉桨时身体各部位发力顺序是否正确，桨叶是否沿水平方向运动；按桨出水的位置是否正确，桨叶出水是否饱满，有无挑水现象；回桨时桨叶是否转至90度角且不接触水面，是否先前倾后收腿。
>
> **难点**：定位练习时的身体姿态，要尽可能接近发力时的状态。

4. 不转桨划练习

在桨叶出水、入水时不转桨，使桨叶在整个划桨周期中均保持垂直。

> **学练提示**
>
> **重点**：保持桨叶出水时有足够高度，随后直线推桨，避免桨叶与水面接触并保持好平衡，做到平稳地推桨回桨。
>
> **难点**：出水按桨迅速到位，避免桨叶拖水。

5. 改变划程练习

具体是：滑座划程1/4、1/2、3/4划，直臂蹬腿不倒体划，直臂蹬腿倒体划。

> **学练提示**
>
> **重点**：体会手臂牵拉放松、腿部主动发力；改进划桨发力顺序；强化局部技术的规范度。
>
> **难点**：在多人配合练习时统一划程。

6. 入水练习

只完成桨叶入水后蹬腿，抓住水下支点后立即回桨进行下一桨练习。

> **学练提示**
>
> **重点**：通过桨叶入水蹬腿这一前端的小动作，感受如何利用桨叶在拉桨过程中建立支点。
>
> **难点**：入水蹬腿时手腿配合协调紧密，脚尖激发速度迅速。

第三节　赛艇运动呼吸、起航和冲刺技术
Breathing, Starting and Sprinting Skills of Rowing

呼吸技术

在赛艇运动中，呼吸与动作的协调性是反映运动员水平的重要标志之一，赛艇运动员的技术动作与相应的呼吸动作的相互协调，不仅有助于提高和保持训练过程的输出效率，还能为运动员释放出最大力量创造条件。

举重运动中有"用力时呼气，放松时吸气"的说法，长跑运动中也有"两步一吸，两步一呼"的说法。赛艇运动过程中该如何呼吸呢？在赛艇运动中，启航阶段的呼吸与动作比接近1∶1，途中状态时，就变成了2∶1。也就是说，途中状态时一个动作要完成两次呼吸，这样才能保证运动员呼吸和动作的协调性，才能在

疲劳迅速增加的同时,不出现呼吸紊乱、肺通气量降低的情况。

在一个划桨周期里,一般是在划桨结束开始回桨时深吸一口气,当桨推到一半时呼气,然后在提桨入水前,做第二次短吸气,接着在拉桨过程中完成第二次呼气。这种呼吸的节奏需要通过不断练习来适应。

知识窗

赛艇运动员的肺活量有多大

相对而言,赛艇运动员身材比较高大,其肺活量也高于常人。我们平常说的肺活量,确切地说叫用力肺活量,指最大吸气后以最大努力呼气所得到的呼气肺活量。用力肺活量可以直观地判断肺功能的强弱。

普通男性的用力肺活量值约在4.8升,女性约为3.2升。优秀的足球运动员的用力肺活量值可以达到5.2升,优秀的游泳运动员可以达到5.9升,而优秀的赛艇运动员可以达到惊人的6.4升,比普通人高出近1倍。

起航技术

赛艇的起航相当于百米赛跑中的起跑,我国百米飞人苏炳添就是凭起跑反应迅速在比赛中占据先机的,起航在整个比赛中起着关键的作用。那么,赛艇起航技术有哪些要素呢?

赛艇运动中划距和桨频决定着艇速,因此,起航技术便是对这两个要素进行优化组合。不过,目前并无统一的组合模式,每支队伍、每个教练都有相应的技术安排。比如,高桨频、短划距起航的具体方案是:开始第一桨3/4划距,第二、第三桨1/2划距,第四桨3/4划距,第五桨全桨划,保持高桨频再划十桨转途中划。利用这种起航技术方案可以在前期迅速带起艇速,并占据领先位置,但缺点是前几桨的节奏并不好配合,如果团队不够成熟或出现失误,就容易影响平衡导致艇速提升缓慢。

> **知识拓展**
>
> **起航技术的关键**
>
> 起航技术的关键在于整条艇上队友之间的默契程度。在准备比赛时,一定要重点练习起航技术,确保所有人对技术细节有相同的认知,比如 3/4 划距、1/2 划距分别是多少,否则在比赛中可能在开始阶段就被其他队伍拉开距离。

冲刺技术

2000 米航道的最后 250 米为红色浮标区,即为冲刺区。赛艇比赛中,在冲刺区的冲刺阶段需要通过提高划桨的力量、速度、桨频来不断提升艇速。桨频以每前进 5 桨增加 2 次/分钟为宜。在少人艇比赛中,桨频变换更灵活;在多人艇比赛中需要更多地采用循序渐进的方式来提升桨频,否则可能会产生事倍功半的效果。

头脑风暴

1. 影响赛艇平衡的因素有哪些?如何处理各种不平衡的情况?
2. 为什么在训练的过程中要分划距练习?目的是什么?
3. 陆上赛艇(测功仪)和水上赛艇有哪些共通之处?有哪些不同之处?
4. 如果你和队友的桨叶出水和入水总是不一致,可用什么办法来解决?

自主学练

1. 根据教材,自行使用划船机进行练习,循序渐进,以 500 米为单位,记录下自己的用时和感受。

2. 用简笔画表现出赛艇拉桨和回桨的动作循环过程,并将相关注意事项标注于图中,以加深对身体姿态和发力顺序的理解。

3. 在测功仪上练习呼吸、起航、冲刺技能,体会呼吸与动作之间的协调性,感受桨频和划距变化引起的节奏改变。

德英乐赛艇小故事

自省(Reflective)

我现在是一名优秀的学校赛艇队队员。但其实一开始,我对这项运动是没有多大热情的。第一次接触赛艇,还是在高一的时候。那年,我参加了赛艇运动夏令营。说实话,本来是没有打算要参加赛艇夏令营的,我暑假自己就有很多安排,而且都是非常酷的,结果被父母自说自话地报了个名。等费用交了,手续办好了,他们才把具体的情况告诉了我。我很生气,这算什么,一帮人坐在一艘小船里,漫无目的地划啊划,一点都不酷。而且赛艇训练这么苦,晒得又黑,手都是老茧,大热天哎,暴露在太阳下,难道不会中暑吗?所以,我也真的是不想练。但是没办法啊,钱都交了,最后还是被父母逼去练了。

所以一到赛艇夏令营,我就不想练,对每天的训练非常抵触。那里的老师和教练都觉得我比较叛逆,对,我就是"叛逆"。但是后来因为看到队友们都在坚持训练,还有些同学因为身体不舒服,不能按时训练而暗暗流泪。我就觉得很奇怪,赛艇有这么好吗?不就是划船吗?有一天,有位同学身体不适,实在无法参加,他就跟我说,我很不舒服,看来是没办法继续参加了,你体能好,能不能代替我上场呢。我说行啊,看你这么辛苦,算了,我帮你一把,反正闲着也是闲着。于是我就替他上场了。谁知我一上场,桨一拿,就这么划拉了几下,桨在水里翻,我手上吃着劲,还觉得有点意思。训练了一个下午,没想到我竟然一下子就喜欢上赛艇运动了。从那天下午起,我开始特别积极训练,甚至在夏令营快结束的时候,成了主力队员,并在校际比赛中带领大家获得了第一名。

后来自己反思,为什么前后反差这么大呢?大概因为我一直没有看到训练的目的,我不是一个可以漫无目的的人。而我接替同学训练之后,有着一个非常明确的目标,那就是帮助他人,并且参加夏令营结束时的最后比赛,有了这样的刺激,我才得以改变。所以我想,不仅是赛艇,人生也是一样吧,要想做好一件事,得先想清楚是为什么,自己的目标究竟是什么。

扫码进入
视镜|德英乐赛艇

课外学习园地

自主学习

1. 课外通过多种途径获取更多关于赛艇技术的知识及练习方法,并加以实践。

2. 在课外对照教材中抬艇及上下船技巧的介绍,徒手模拟并复习各个环节的动作顺序及要领。

探究学习

1. 关于教材中各项赛艇技术的重点和难点问题的介绍,请你在练习过程中认真体会,是否有类似的问题,并尝试着自己改进。

2. 尝试自己撰写训练日志,重点对照教材中有关握桨、拉桨等关键动作易犯错误的描述,归纳自己的常见错误动作类型,并写出改进方案,记录改进过程。

合作学习

1. 两人一组在测功仪上轮流进行赛艇动作练习,与同伴相互拍摄练习视频,并一起对照视频分析各自动作的问题所在,共同提高。

2. 组织小型的水上赛艇或陆上测功仪比赛活动,参考附录四的比赛规则,制订简化版的比赛规则。除参赛队员外,还要尽可能多地邀请其他同学来担任裁判、通讯员、啦啦队等角色。

自我评价

赛艇训练是一项艰苦卓绝的挑战,它考验着一个人的决心、意志、体能。可以说,每一个坚持赛艇训练的同学都是好样的。那么,在技术上你有什么收获呢?参照下表,对自己的学习进行一次综合评价,以便更全面地了解自己在学习赛艇运动中的成长与不足。

评价内容	是	一般	否
1. 知道赛艇技术包含哪些方面,可以说出它们之间的联系。			
2. 能够说出赛艇运动水上技术的动作要领。			
3. 能够说出赛艇运动陆上技术的动作要领。			
4. 了解赛艇技术中有哪些容易出错的动作。			
5. 基本掌握单双桨技术,有正确的技术概念和平衡能力。			
6. 基本掌握呼吸、启航和冲刺的技巧,可以实际应用。			
7. 具备遵守纪律、团结友爱、勇于克服困难的品质。			
8. 基本掌握和理解赛艇中用到的各种训练方法和手段。			
9. 能够主动发现问题,及时解决技术问题。			
10. 愿意和队友交流训练经验,主动帮助他人提升。			

评价说明:请根据自己的学习情况,在上述的评价表格中用"√"在"是""一般"或"否"列勾选符合自己的选项。如果你勾选的"是"的个数在9个以上,说明你对本章的学习达到了优秀水平;如果你勾选的"是"在6~8个之间,说明你对本章的学习达到了合格水平;如果你勾选的"是"在6个以下,说明你对本章的学习尚未合格。

附录一　赛艇运动专业术语及中英文词汇表

现代赛艇运动源于欧洲,有关赛艇运动的很多专业术语是从英语翻译过来的。同学们如果在电视上、网络上或现场观赏国际性赛艇比赛,了解相关的赛艇运动专业术语或相关中英文词语非常有必要,这将有助于更好地感受赛艇运动的魅力。

赛艇运动专业术语

划桨(stroke)
划桨是指在比赛中操作赛艇前进的动作。

划距(stroke distance)
划距是指比赛中每划一桨船艇移动的距离,即比赛全程距离除以该艇所划的桨数。例如,赛艇比赛全程为2000米,某艇共划了250桨,说明其每桨的划距为8米。划距反映了运动员划水的效果,它与运动员划桨的划幅、桨频等因素有关。初学者和青少年运动员应注重划距,从每桨的划水效果来改进划桨技术。

划桨周期(stroke cycle)
划桨周期是指每次划桨动作的全过程。赛艇运动的划桨周期由入水、拉桨、出水、回桨所组成。从运动员的动作来说,包括提桨、拉桨、按转桨、推桨。整个划桨周期连贯而不间断。如果以每分钟划40桨计算,每一桨的周期时间约为1.5秒。

划桨节奏(stroke rhythm)
划桨节奏是指一个划桨周期内部各阶段速度和力量的比例。在一个划桨周期中,通常要求拉桨快而回桨慢,拉桨用力而回桨时放松。例如,假定每分钟划40桨,则每一桨的周期为1.5秒。划桨节奏要求拉桨用0.5～0.6秒,而回桨要用 0.9~1 秒。划桨节奏是衡量运动员技术是否合理的标志。

平桨(feather)

平桨是指运动员将桨叶平放在水面上,平桨时运动员身体放松,桨叶背面着水,桨叶的前面向天。平桨也是一种口令,当运动员在划进中,遇到障碍物或靠近码头需要停止划桨时,舵手或教练员可以用"平桨"口令,要运动员停止划桨。

回桨(recovery)

桨叶出水后,运动员两手轻快流畅地把桨柄向前推出,当两臂完全伸直把桨柄推过膝盖后,滑座开始前移,上体自然转换到下一桨的预备姿势,这个过程即回桨。整个回桨过程中,桨叶水平前移,离开水面约 15~20 厘米。回桨时要求身体平稳、自然、放松,动作比拉桨的速度相对要慢,回桨与拉桨的时间比例约为 2∶1。如果一桨的周期为 1.5 秒,则回桨约需 0.9~1 秒,而拉桨为 0.5~0.6 秒。由于回桨时较为放松,使运动员在每次拉桨后都能得到短暂的体力恢复。因此,可以认为回桨与拉桨是放松与用力的交替。

拉桨(drive)

桨叶入水后,运动员的体重通过腿部用力传递到脚蹬架上,与此同时运动员动用各部分肌肉积极地拉桨。从肌肉用力的顺序看,一般认为拉桨开始时主要依靠腿部力量,然后是背部肌肉,最后是肩和臂积极用力。蹬腿拉桨开始时,滑座在滑轨上向艇首移动,这时要求运动员充分利用自身体重,有如悬挂在桨柄上以便把力量全部传递到桨叶上去。桨叶在水中的移动越小,划水的效果就越好。在整个划桨周期中,拉桨阶段是使赛艇推进的动力阶段,这个阶段要运动员充分发挥其体能。

按桨(press)

拉桨后,两腿蹬直,躯干在滑座垂直位置后仰 25~35 度。双臂曲拉至膈肌部位,双手用掌心轻夺桨柄移至腹部,用手腕关节作弧形下按动作,使桨叶迅速垂直出水。要求干净利落,动作快而轻巧。否则,桨叶掠水,会影响速度。这是赛艇划桨动作进入第二周期的准备过程。

桨叶入水(entry)

运动员在回桨以后,自然地使两臂充分向前,桨叶的正面即划水面从向上已转向向前,桨叶与水面垂直或稍微前倾,利用桨叶的自身重量下落,两臂和两手则同时自然上抬,使桨叶切入水中,形成桨叶和桨颈没入水中的最佳深度。这时运动员通过蹬腿和手臂牵拉,迅速使桨叶抓住水,同时把自身体重和力量完全传递到脚蹬架上,使船艇受到力的作用而推动向前。这个过程叫桨叶入水。桨叶入水是一个划桨周期的开始,要求动作迅速但不是用猛力,要求没有过度的水花飞溅。

桨叶出水(release)

在两腿蹬直拉桨结束时,上体后仰 25～35 度,同时曲臂拉桨至膈肌部位。这时用掌心和掌根轻轻压桨柄,做弧形的按转动作,使桨叶从水中垂直地跳出水面,并迅速转成水平状态。这一按转桨的动作要求轻柔而迅速,使桨叶出水时干净利落,没有挑水或停顿的现象。因为拉桨结束后,船艇获得了推进力,正以最快的速度滑行。如果桨叶出水的动作慢于艇速,就形成了桨叶挡水,从而影响艇的前进速度。

桨频(tempo)

桨频是指单位时间内的划桨次数,即比赛全程所划的桨数除以比赛成绩。从生物力学观点看,艇速是由划桨频率和划距决定的,而这两个变量又受到技术和器材等方面的影响。因此,提高艇速主要从划距和桨频两个方面提高,但是桨频不可能无限地增加,更不能为了增加桨频而降低划水的效果。赛艇比赛的桨频从 30～40 桨/分不等。以男子八人赛艇的桨频为最高,尤以起航时的桨频更为突出,甚至高达 48 桨/分。在训练中,不同的桨频往往可以反映不同的训练强度。

倒桨(backwater)

赛艇正常划行时,运动员把桨叶放在水中,以桨叶正面拉桨,船艇则背着运动员方向前进。倒桨时,正好相反,运动员把桨叶放在水中,以桨叶正面推桨,船艇向着运动员前方即艇尾方向划进。倒桨通常在离、靠码头或其他应急情况时运用。

提桨(lift)

回桨后,当桨叶转为与水面垂直的角度时,立即提桨柄,让桨叶没入水中。用力蹬腿迅速后移,手臂与背肌同时向后用力牵拉桨柄。要求动作迅速有力,扎住水的支撑点,使艇受水支撑点的反作用力而被推向前进。提桨是周期性划桨时发力的第一阶段。

正力(positive force)

各种类型艇的动力来源不同,有的是发动机,有的是风帆。无论是发动机还是风帆,其动力都是连续不断的。赛艇运动的推进力却是断断续续的,因为运动员拉桨时,桨叶在水里有力的作用,此时产生推进艇前进的积极力量即为正力。当桨叶出水后,艇只依靠惯性力作用,这时正力的作用消失。

负力(negative force)

赛艇运动的推进力和其他船艇不一样,当运动员拉桨时,桨叶在水里可以产生积极的推进力。而桨叶出水后就没有推进力的作用,而且由于滑座的运动和身体质量的方向转换,对艇产生一个很大的负力,这个负力对抗前进着的艇,是一个消极力量。赛艇技术好与差的标志之一,就是要限制消极力量的作用,充分利用积极力量。

初学者需要听懂的教练常用口令,主要有:

Arms only.

躯干和腿保持不动,只通过手臂运动划桨,驱使船前进。

Arms and bodies.

只通过手臂和躯干运动,驱使船前进,腿部保持伸直。

Half slide.

此时手臂、躯干、腿配合,做半划桨运动,划到两腿弯曲成90度便可。

Full slide.

手臂、躯干和腿部一起运动。拉桨时,身体完全打开,回桨时,腿收缩到贴近胸部,完整地划出一桨。

Square blade rowing.

立桨划艇,意思是在划桨时,不需要转为平桨,在回桨阶段仍保持立桨。这个练习的目的在于明确每一桨的入水和出水动作。

Pause rowing.

间歇划桨,划一桨,停一下。这种训练可提升桨手们划桨的整齐性。

Power strokes.

大力划桨。比正常划桨更用力去划,同时要注意回桨的节奏也要慢下来。大力划桨时速度不宜过快。

赛艇运动专业英语词汇表

基础知识篇

blade	桨叶
boat	船
boat cover	船袋
boat house	艇库
boat rack	船架
bow	船首
bow ball	安全球
buoy	水道球；浮标
competitive rowing boat	竞技赛艇
course/lane	水道；航道
drop the wrist	转桨
Easy all. /Let it run. /Weigh enough.	划一桨做平衡让船行进
easy rowing	放松划
endurance	耐力
endurance rowing	耐力划
equilibrium	平衡
ergometer/Erg	测功仪
extend	伸展
feather	平桨
feedback	反馈
fin/skeg	鳍板
finish tower	终点塔台
finishing buoy	终点浮标
finishing line/winning line	终点线
fin-rudder	稳舵
fixed seat	直腿划

(续表)

fixed starting point	固定浮台
floorboard	舵手的踏板
fly up /skying	扬桨
Focus on posture at the catch.	注意入水时的姿势
footrest/stretcher/footboard	脚蹬板(含鞋子)
full pressure	全力
full slide	全桨划
grasp	紧握
gunwale	船舷上缘
Hands away. /Fast hands.	手很快地反弹回来
Hands on. Ready to lift. Lift.	将船从水上抬起
head race	计时赛
rowing pin/pin	桨栓柱
rowing tank	划船池;荡桨池
sculling boat	双桨船只
sculling oar	双桨
shell	艇身
slide/runner	滑轨
sliding seat	滑座
span	双桨赛艇上左右两只桨栓的距离
starboard-side oar	右舷桨
starting line	出发线
starting tower	起点塔台;发令台
stern	船尾
sweep boat	单桨船只
sweep oar	单桨
tail wind	顺风
tub	训练用赛艇
wake	船迹水纹
washboard	防浪板的部分

运动实践篇

abdominal muscle	腹肌
aerobics	有氧运动
altitude training	高原训练
anaerobic training	无氧代谢训练
at the catch/catch/catch water/grip the water	提桨入水；抓水
at the finish	拉桨结束
bench press	卧推（通过卧推训练,增强赛艇运动员的上肢力量,从而提高其在拉桨中的力度）
bench pull	卧拉（其作用和目的与卧推相同）
blade entry	桨叶入水
Blades down. /Drop.	桨叶放入水中或贴在水面
Blades in the water first, then leg drive.	先桨叶入水,后腿部发力
blood lactate	血乳酸
bow/bowman/bowseat	第一位桨手；头桨手
catch	入水
catch angle	入水角度
center of gravity	重心
coach	教练
coxswain	舵手
cramp	抽筋
Do not lean on your legs (thighs).	身体勿紧贴大腿
double/double scull	双人双桨艇
draw/drive	拉桨；划水
eight	八人单桨有舵手比赛（在现今的赛艇比赛中,只有八人赛艇有舵手,其余赛艇均无舵手）
four	四人艇
heart rate/heart frequency/HR	心率
improvement	改善；改进
In!	坐入船中

(续表)

inconsistency	动作不一致
increase	增加
Increase the stroke rate.	桨频加快
inside hand	单桨内侧手臂
intensive endurance training	加强耐力训练
International Rowing Federation (FISA)	国际赛艇联合会
interval	间歇
interval training	间歇训练
joint	关节
Keep apart.	分开(注意航向)
land	靠岸
lap	(跑道的)一圈
launch	将船放在水上；下水
layback	上体后仰姿势
lightweight men's rowing competition/lightweight men	男子轻量级赛艇比赛
lightweight women's rowing competition/lightweight women	女子轻量级赛艇比赛
long reach forward	向外伸展
long slide forward	屈腿时滑座太接近脚跟
maximize	最大化
men's rowing competition/men	男子赛艇比赛
middle phase of the stroke/drive	桨叶在水中水平拉桨的阶段
minimize	最小化
modify/change	更正
movement/motion	动作
muscular adaptation	肌肉适应
neck and neck race	并驾齐驱；不相上下；竞争激烈
not too much lay back	上体后仰幅度不要过大
oar blade angle of attack/oar blade angle at the catch	在提桨入水时桨架中柱与桨外柄的角度

（续表）

One foot in, weight in and down.	一只脚踩在踏板上,重心都在踏板上,坐在滑座上
one leg squat	单腿蹬（其作用和目的与深蹲跳相同）
open the back angle	上体后仰（拉桨结束时上体后仰幅度要大）
outside hand	单桨外侧手臂
paddle	无力地划桨；放松划
pair	双人单桨比赛
posture	姿势
power endurance	力量耐力
power rowing	力量划
pulling phase	拉桨阶段
quad/quad scull	四人双桨艇
quickly grip the water/fast catch	快速入水
race/competition/regatta	比赛
reach forward	向前向外伸展
ready	准备
recovery	回桨（拉桨出水至提桨入水的阶段）
reference	参考
regeneration/relaxation	恢复；放松
release	桨叶出水
repechage	（为初次预赛失败者举行的）补充赛；复活赛
rhythm	节奏
roll up/to square	桨叶转正
rower/crew	选手；队员
rowing	赛艇
running	跑步
single	单人双桨比赛
slide control	滑座来回的动作控制
slow slide	屈腿慢
sprint	冲刺
start	起航

(续表)

starter	发令员
Stay in heart rate and stroke rate range.	控好心率和桨频
stay long	伸展入水（入水时胳膊要完全展开，幅度要到位）
stretching	拉伸
stroke	划桨
stroke/stroke seat	领桨手
stroke rate/stroke frequency/SR	桨频
technique	技术
technique focus	技术要领
technique rowing/technique	技术划
the hard strokes/power ten	十桨全力划
To the waist, to the shoulder, overhead.	将船从腰部抬起，托举到肩膀上，举过头顶
training/exercise	运动训练
training program	训练计划
2000 meters	2000米比赛（在赛艇各个级别的男子和女子的正式比赛中，距离均为2000米）
umpire	裁判
upper body	上体
vital capacity	肺活量
warm up	热身
water training	水上训练
weight training/power training	力量训练
women's rowing competition/women	女子赛艇比赛

附录二　赛艇运动跨学科学习案例

案例一　赛艇运动让你拥有一颗"大心脏"——心率与运动强度

在第一次赛艇运动的体验活动中,教练让同学们尝试了测功仪的训练,教练在讲解完动作要领后,请三位同学以相同的节奏进行2分钟的测功仪练习。

表1　三位同学的2分钟测功仪训练感受

A同学	轻松完成,呼吸均匀,汗都没出	心跳加快感受不明显
B同学	努力完成,气喘吁吁,大汗淋漓	心跳加快感受明显但能坚持到底
C同学	无法完成,中途放弃	心跳加快感受明显无法坚持完成

以上三位同学的运动感受或许你在生活中或课内外的体育活动中都有过类似的体验。这个案例告诉我们,每个人的身体状况不同,对运动的感受也不相同。只有选择适合自己的运动强度才能促进身体健康成长,太小或太大的运动强度都无法带来最有效的锻炼价值。那么,你知道如何科学掌控你的运动强度吗?除了主观感受以外,你还可以通过心率来量化你的运动强度。

知识窗

心　率

心率是心脏搏动的频率,指每分钟心跳的次数。一般安静心率为60~100次/分。运动时心率会随运动强度增加而上升,直至达到最大心率。因此,可以将心率作为评价运动强度的一个简便指标。

请同学们测算自己不同时间点(第一周、第二周……)运动前的心率、2分钟测功仪匀速练习后的心率、2分钟测功仪冲刺练习后的心率,并将这些数据填入表2中,看看其中的变化。

表2 测功仪练习心率变化情况表

时间	运动前的心率	2分钟测功仪匀速练习后的心率	2分钟测功仪冲刺练习后的心率
第一周			
第二周			
……			

用折线图或柱状图的形式来记录不同时间点的心率更为直观。请同学们根据数据指标自行设计,用折线图或柱状图来记录一个学期的训练前后心率变化。样式可参考图1。

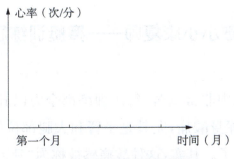

图1 折线图或柱状图模板

知识拓展

最大心率

当运动强度不断增大,人体的心率会不断上升,直至达到一个极限值,即最大心率。为了方便人们计算自己的最大心率,运动科学家总结出了一个简便的计算方法:最大心率=220-实际年龄。例如,某同学今年12岁,其最大心率=220-12=208,即208次/分。

同学们可以尝试用最大心率的百分比作为参考,来衡量、掌控自己的运动强度。一般情况如下:

小于 50%最大心率　　　　　中低强度

50%～70%最大心率　　　　中等强度

大于 70%最大心率　　　　　中高强度

对照表 2 记录的数据,看看 2 分钟测功仪训练对于你分别属于什么运动强度。经过一段时间的训练,在接受同样强度的训练后,心率有变化吗?请探究并分析原因。

1. _____
2. _____
3. _____
4. _____

案例二　学做小小康复师——赛艇训练后肌肉酸痛怎么办

某同学在赛艇训练中非常刻苦,每次训练都全力以赴。他昨天参加了队内比赛,今天起床时感觉浑身酸痛,尤其是手臂和大腿部位的肌肉感觉又酸又胀,他担心自己是不是受伤了。其实,这种酸痛感被称为"延迟性肌肉酸痛",一般发生在运动后 12～48 小时之内,主要是学习新的运动动作或运动强度过大造成的,非常普遍,不用过分担心。该如何缓解延迟性肌肉酸痛呢?可以通过拉伸、按摩和营养补充三个方面来促进康复。

1. 静态拉伸

运动后进行静态拉伸,可有效地改变肌肉纤维的超微结构,减轻肌肉的酸痛感。赛艇训练后可进行大腿后侧静态拉伸、小腿后侧静态拉伸等(见图 1)。

2. 按摩

无论是手动按摩还是使用泡沫轴按摩放

图 1

图 2

图 3

松,按摩产生的机械压力都会使血流加快,减轻肌肉张力,并且可以改变肌肉的神经兴奋性。图 2 为按摩用的泡沫轴。

3. 营养补充

健康饮食即良好的营养补充是运动恢复必不可少的条件,运动科学家给出的建议是"211 饮食法",也就是每一餐中,蔬菜水果、主食、肉类的体积比例是 2∶1∶1。在选择食物时也要注意食材的品质,新鲜的蔬菜水果、无盐坚果、全谷物、海产品、瘦肉、蛋类、奶类、豆制品等都是帮助我们运动后恢复和促进健康成长的不错选择(见图 3)。

 知识窗

记录你一天的食物摄入

日期_____

用餐时间(正餐及加餐)	食物种类及烹制方式、含量等

说明:请尽可能详细地填写食物的种类、烹制方式、含量等。

请对照"211 饮食法",对你一天的食物摄入进行分析,可从摄入总量、各种营养成分比例、时间安排、零食管理、减少"垃圾食品"摄入等方面与老师和同学们展开讨论。

1. _____
2. _____
3. _____
4. _____

案例三　赛艇水域知多少：水质状况及净化[①]

德英乐在上海浦东上海国际旅游度假区和闵行华翔绿地设有赛艇训练基地，我们的赛艇小将们每周都会在基地的河道中进行训练。

河流是重要的水资源，但工业的发展、人口的增长，对河流的影响越来越大，合理利用和保护河流已成为环境保护的重要组成部分。现在，就让我们一起去德英乐赛艇基地看看河道是否"健康""美丽"吧！

一、水质状况调查

知识窗

河流水质评价方法

在本课题研究中，你将在运用实验观测等探究方法的基础上，学习考察探究法，即通过实地考察、分析和撰写考察报告，了解河流水质现状，并通过对考察结果进行综合分析，提出有针对性的意见和建议，最终根据意见采取相应的行动。

下表为河流水质评价表，可供调查过程中参考。

表1　河流水质评价表

水质类别	水质状况	表征颜色	水质功能类别
Ⅰ～Ⅱ类水质	优	蓝色	饮用水源地一级保护区、珍稀水生生物栖息地、鱼虾类产卵场、仔稚幼鱼的索饵场等
Ⅲ类水质	良好	绿色	饮用水源地二级保护区、鱼虾类越冬场、洄游通道、水产养殖区、游戏区
Ⅳ类水质	轻度污染	黄色	一般工业用水和人体非直接接触的娱乐用水
Ⅴ类水质	中度污染	橙色	农业用水及一般景观用水
劣Ⅴ类水质	重度污染	红色	除调节局部气候外，使用功能较差

[①] 本案例由浦东万科学校于晓、孔佳欣撰写。

我们需要了解水质的哪些方面呢？示例如下：

表2　探究情况记录

探究河段	□上海国际旅游度假区河道　□华翔绿地河道（请附具体地图标记测量点）
探究目的	(1) 了解所选河段的水质情况（颜色、清澈程度、pH、杂质等） (2) 了解可能造成所选河段污染的原因
探究过程	（请用流程图表示）
所需物料及数量	

我们的小组（每组不超过6人）：

表3　小组人员安排表

组长	
组员	负责内容

我们的记录表格样例：

表4　水质观测记录单

日期：	时间：	记录人：

颜色	清澈度	气味	水中生物	pH	水样照片
无色 □	清澈透明 □	无气味□	植物 无□ 少量□ 较多□ 很多□		

(续表)

颜色	清澈度	气味	水中生物	pH	水样照片
浅黄色□	比较透明,有少量悬浮物□	微弱臭味□	动物 无□ 少量□ 较多□ 很多□		
绿色□	不太透明,有较多悬浮物□	中度臭味□	微生物 无□ 少量□ 较多□ 很多□		
黑色□	不透明,有大量悬浮物□	非常臭□			

表5 沿岸环境观测记录单

	日期:	时间:	记录人:
工厂	有 □ 　若选择有,请在右侧补充工厂类型及数量 无 □		
住宅	有 □ 　若选择有,请在右侧补充住宅区类型及数量 无 □		
农田	有 □ 　若选择有,请在右侧补充农作物类型及农田面积 无 □		

我们开始观察吧!

请带好探究方案、相关记录表格和所需物料,到达所选河段进行探究,填写探究记录表。经过小组讨论汇总后,完成小组探究报告。示例如下:

表6 探究报告

一、探究背景
　　(说明此次探究活动的时间、地点、目的、对象、内容、参与者等基本信息)

（续表）

二、探究过程及方法
（用文字、图表等说明探究过程及方法）

三、探究结果
（用文字、图表、图片等呈现探究结果）

四、分析与讨论
（运用已经学习的科学知识及简单的统计知识分析探究结果，对重要问题及产生原因进行探讨，并用文字、图表、图片等方式呈现）

五、头脑风暴
（请结合上述讨论与分析，开展头脑风暴，对水质净化的方式及水环境保护的办法进行讨论，并用思维导图、小报、展板、PPT等方式呈现）

二、水的净化方法

怎样才能让水变得更干净？让我们一起看看水的净化方法。

知识窗

水的净化方法

1. 沉淀

由于天然水里含有许多可溶性和不溶性的杂质，因此常显浑浊。为了清除这些悬浮的和胶态的杂质，常加入混凝剂，混凝剂溶于水后生成的胶状物（俗称絮花）可以吸附水中悬浮的和胶态的杂质，使杂质沉降，达到净水的目的。在自来水厂，一般用氯化铁（$FeCl_3$）作混凝剂；在某些偏远农村，则利用明矾[$KAl(SO_4)_2 \cdot 12H_2O$]来沉降杂质。

2. 过滤

沉淀操作在沉淀池中完成，而后，水再进入过滤池。这里可没有漏斗和滤纸，池的上层是砂子，下层是鹅卵石，但它的作用和滤纸的作用是一样的，可将水中残余的悬浮物除去。

3. 吸附

如果用具有吸附作用的固体过滤液体，不仅可以滤去液体中的不溶性物质，还可以吸附掉一些溶解的杂质，除去臭味。活性炭就是一种具有吸附作用的固体。因此，在自来水厂往往又在过滤池之后增加了活性炭吸附池。

我们即将制作的简易净水器就是利用这些方法，实现对河水的初步净化，接下来让我们一起开始动手制作吧。

1. 简易净水器的材料及工作原理

纱布与卵石可过滤较大颗粒的不溶性物质，石英砂可过滤颗粒较小的不溶性物质，活性炭可吸附有色有味的物质，蓬松棉可吸附颗粒很小的不溶性物质。可利用上述这些物质的性质来净化水质。

2. 简易净水器的制作过程

取一个空塑料饮料瓶，剪去底部，瓶口用带导管的单孔胶塞塞紧，将瓶子倒置，瓶内由下向上分层放置洗净的膨松棉、纱布、活性炭等，这样就得到一个简易净水器（见图1）。另外，你还可以自己收集生活中的一些用品，自制净水器。

图 1

3. 简易净水器净化效果的检验

实验材料：烧杯，铁架台（带铁夹），玻璃棒，污水及分别混有蓝墨水、泥沙、杂草的污水和一杯有异味的污水。

实验过程及结果：请用简易净水器逐一净化上述污水，将结果填入表7内，并进行分析。

表7 污水净化情况记录表

实验物品	实验现象	实验分析
污水		
混蓝墨水污水		
混泥沙污水		
混杂草污水		
异味污水		

三、反思

请结合德英乐的培养目标及 5C5R 核心素养，总结本次探究学习收获，并反思过程中可继续提升的部分。

表8 德英乐 5C 5R 核心素养

5C	交流 Communicative	关爱 Caring	创造 Creative	自信 Confident	真诚 Cordial
5R	勇气 Risk-taking	尊重 Respectful	坚韧 Resilient	责任 Responsible	自省 Reflective

表9 探究反思

此次探究我印象最深的 5C5R 关键词为：_____
通过探究，我学到了：
通过探究，我了解到自己需要继续提升的地方是：

四、探究评价

探究评价分"非常好""良好""有待提高"三档,请同学们结合探究情况完成探究评价表。

表10 探究评价表

	自我评价	组员评价	老师评价
能积极查找河流污染的资料			
积极配合,认真撰写探究报告,确保报告内容和数据的真实性			
积极参与简易净水器的制作			
团队合作意识强,能配合组长的安排			
在探究中能认真、仔细,并且注意安全,听从安排			
能在形成探究结果和班级探究报告汇报中发表自己的看法和观点			

我的建议:

被评价人:_____   评价人:_____   日期:_____

附录三　赛艇运动体能练习资源

亲爱的同学们,通过对本书的学习和一段时间的练习,想必你一定熟练掌握了赛艇运动的相关技术。如果你想进一步提高艇运动水平,除了进一步雕琢技术外,你还需要不断加强与赛艇运动相关的专项体能练习。本附录列举一些有代表性的动作供同学们参考。你可以扫描表格右侧二维码,对照视频中的示范动作练习。

动作名	图示	示范动作视频二维码
平衡板下蹲		
平衡板单脚站立		

（续表）

动作名	图示	示范动作视频二维码
对角支撑		
坐姿划艇		
静态背起		
平板开合跳		

（续表）

动作名	图示	示范动作视频二维码
俯身划船		
单腿提拉		
颈前下蹲		
背卧撑		

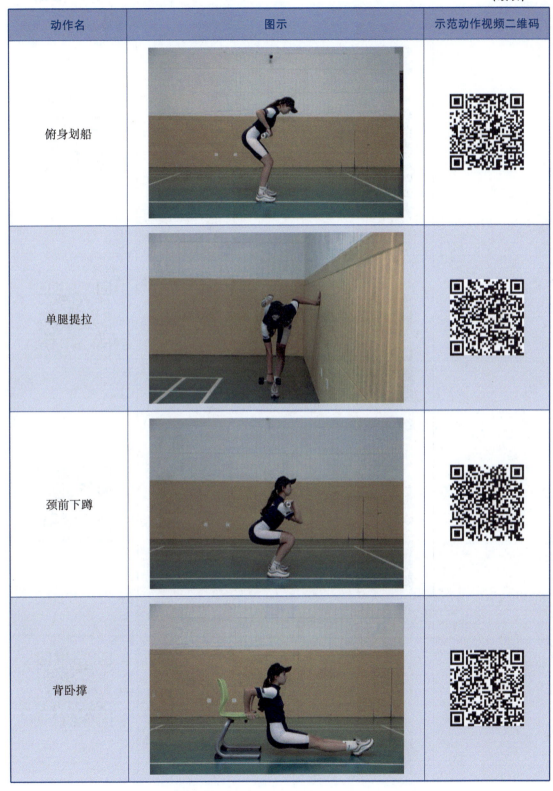

（续表）

动作名	图示	示范动作视频二维码
身体舒展式		
高抬提膝		
协调收腹跳		
侧方位跨步		

(续表)

动作名	图示	示范动作视频二维码
俯式伸展	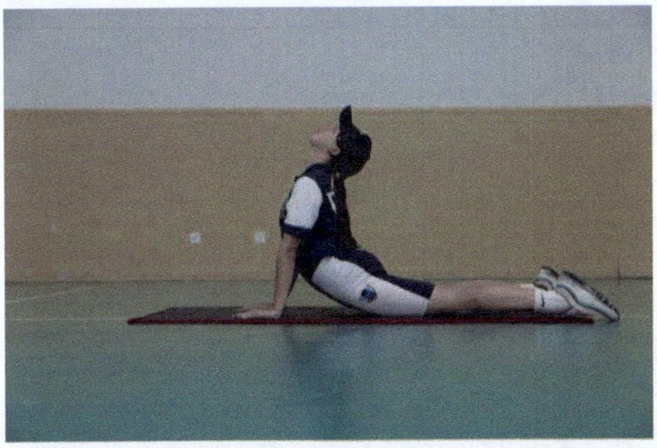	
跪姿拉腿	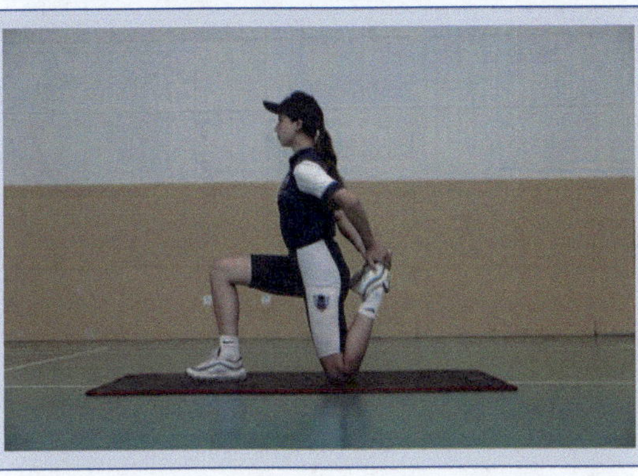	
肩部伸展		
侧方拉腰	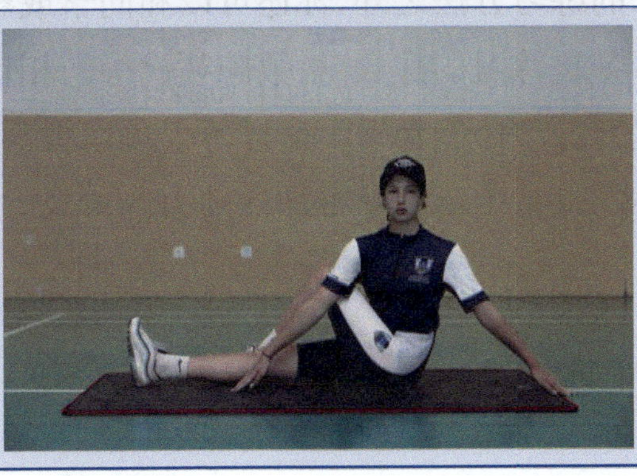	

(续表)

动作名	图示	示范动作视频二维码
俯式臀大肌拉伸		
跟腱踝关节拉伸		
其他		

需要说明的是，体能主要包括身体成分，心肺耐力、肌肉力量和肌肉耐力、柔韧性、速度、爆发力、平衡性、协调性、灵敏性、反应时等方面。体能练习的手段日新月异，除了以上列举的练习方法之外，你还可以和同学或教练一起对示范动作举一反三，并交流一下各自练习的次数、组数和频次等。相信你通过科学的体能练习，一定可以不断提升各项体能水平。这样不仅可以提高赛艇比赛成绩，还可以加强体质健康，为你的日常生活和学习加油助力。

附录四　赛艇竞赛和规则

一、赛艇运动的竞赛

赛艇比赛多在江河湖海等大自然水域中进行，国际上静水赛艇竞速项目标准比赛里程为 2000 米，但一些官方或民间赛事也会设置不同比赛里程，比如 500 米竞速、1000 米竞速、4.8 公里追逐赛以及赛艇 32 公里耐力赛等。比赛里程根据当时组委会赛事要求而定，但它们都属于静水项目。正规赛艇赛事必须按照各国赛艇协会的场地设施要求设置航道、搭建码头等，确保比赛的正规性及安全性。此外，赛艇比赛还包括陆上赛艇竞速项目以及海岸赛艇项目。

赛艇项目的种类按桨手数量、操桨方式、有无舵手进行划分，主要包括以下八种：

单人双桨（1×）Single sculls；双人双桨（2×）Double sculls；

双人单桨无舵手（2—）Coxless pair；双人单桨有舵手（2+）Coxed pair；

四人双桨（4×）Quadruple sculls；四人单桨无舵手（4—）Coxless four；

四人单桨有舵手（4+）Coxed four；八人单桨有舵手（8+）Eight。

海岸赛艇则与在静水进行的赛艇项目不同，海岸赛艇活动主要是在沿海等公开水域进行，风浪变化不定，海岸赛艇的艇身非常坚固且较为稳定，艇只尾部部分开放，可以让流入艇只的海水自然流出，能在恶劣的水面环境下安全划行。

（一）静水赛艇竞速比赛

1. 2000 米竞速项目

场地通常设置 6～8 条航道，每道宽度为 12.5～15 米。赛艇必须在发令员宣布"Two minutes"即还有两分钟时在航道内就位完毕，否则将被给予警告；发令员开始点名时，就意味着各艇已经排齐并做好了比赛准备。点完最后一个队名后,发令员将举起手中的红旗,然后呼预备口令"Attention";清楚的停顿之后,即呼出发口令"Go",同时向一边迅速挥下红旗,即比赛正式开始。随后各艇在自己航道内划向终点,以船头撞线为到达终点标志,依次计时排序,决出本轮胜负。其余短距离静水竞速项目也大抵相同。

2. 追逐赛等长距离项目

以查尔斯河赛艇大赛为例,其里程为 4.8 公里。每个组别每条艇都有自己的编号,到起点之后,依次排列准备出发。比赛开始后,每间隔 30 秒出发一条艇,按照既定航道完成比赛取得成绩,依据最终成绩进行排名。

(二)陆上赛艇竞速项目

陆上赛艇项目通常分为个人竞速项目以及团体接力项目,以下为简要介绍。

1. 2000 米竞速项目

每位运动员使用一台测功仪,测功仪与电脑通常会以连接线相连,实时传输表头数据,并通过大屏幕实时展示各位运动员比赛进程。比赛开始前,各位运动员需要做好各项准备,拿起手柄等待发令,不可提前拉动手柄,否则比赛无法开始。大屏幕和音响会同步发令"Attention",明确停顿后,发令"Go",比赛正式开始。运动员拉动测功仪,当个人划船里程达到 2000 米时,仪器自动停止计时。最后依据成绩进行排名,决出胜负。

2. 团队接力竞速项目

团队接力竞速项目通常由 4～6 人组成一队,每队使用一台测功仪。和个人竞速相比,团队接力竞速项目除了由一个人完成比赛变成了多个人完成比赛之外,开始和结束方式并无差别。该项目有两种竞技方式,一种是规定里程,根据成员人数平均分配里程,完成里程耗费的总时间越短,排名越高;另一种则是规定时长,根据成员人数平均分配时长,在规定时长内完成的总里程越长,排名越高。团队接力考验的不仅仅是团队成员的体力和技术,更考验成员间的战术以及配合,不同的交接方式可能对比赛结果造成非常大的影响。

(三)海岸赛艇项目

海岸赛艇的比赛距离通常大于 4 公里,起终点通常位于沙滩。比赛开始后,参赛队员需携艇奔跑至合适深度的海水中以方便上艇,而后向外划艇至浮标处绕标返回,返程到合适位置下艇并携艇奔跑至终点。按照比赛用时长短依次排名,决出胜负。

二、赛艇运动的规则

(一) 比赛前后的检查

(1) 船艇的重量,必须符合规则要求。全国性比赛可以在预赛前统一称量,也可以不统一称量,只进行抽查。抽查可随时进行,可以赛后立即进行,也可以在下一轮比赛下水前进行。如果抽查不合格,将取消比赛成绩。如果拒绝抽查,也以不合格处理。使船艇的重量符合规则是每个运动员和教练员的职责。

(2) 船艇的安全球、航道牌插座,是船艇的一部分,若不符合要求,将不允许下水。如果因临时采用补救措施而延误了比赛,后果自负。

(3) 赛前赛后对运动员的组成、无线电发送设备、船艇的其他检查或抽查,各参赛队应积极配合,对违反规定或拒绝检查的船艇,将取消比赛资格或成绩。

(二) 起航的相关规则

(1) 当发令员宣布某航道为××队时(如:1道××队,2道××队,……),该组各艇可以进入自己的航道练习。当遇到较大风浪时,发令员可调整该组各队的航道,改变秩序单上的航道安排。航道的序号,以终点塔为依据,靠近它的为1道,依次为1~6道。全国比赛,用英语宣布道次:Lane one ××队,Lane two ××队,……

(2) 发令员在离比赛还有5分钟时,开始报告剩余时间,每隔1分钟报告一次。当宣布"还有3分钟"时,各艇应划向自己的起航位置。当发令员宣布"还有2分钟"时,各艇应该已经就位,此时运动员可以脱掉多余的衣服,检查器材,调整舟艇的航向。

(3) 宣布剩余的时间用英语:Five minutes, Four minutes,……当宣布"Two minutes"时(还有两分钟),对尚未就位的艇,将给予一次警告(等同一次抢航)。

(4) 一旦发令员开始点名(用英语:××队 Ready……,点名时只呼队名,不呼航道），就意味着各艇已经排齐，并做好了比赛准备。

（5）点完最后一个队名后，发令员将举起手中的红旗，然后呼预备口令"Attention"。清楚的停顿之后，即呼出发口令"Go!"同时向一边迅速挥下红旗。

（6）如果发令员在点名时被打断，发令员将视耽误的时间长短，决定是否重新点名。

（7）连续两次犯规（两次抢航或被各种原因警告过一次而又抢航一次）的船艇，将被取消比赛资格。此时，如果其他船艇起航正确，可不必召回全组，继续比赛，通过航道裁判员通知连续两次犯规的船艇被取消比赛资格，令其在不妨碍其他比赛者的情况下，离开航道返回。

（8）每组比赛的抢航总数不超过三次。在第三次发令时，如仍有抢航者，航道裁判员将通知第三次抢航的船艇被取消比赛资格（无论该船艇前一、二次是否抢航），其余船艇继续比赛。

（9）如因风浪过大而导致船艇排齐困难时，与终点联络后，发令员会告诉各艇将使用快速起航发令，即用"Attention"代替点名，然后举旗，喊预令和动令"Set，go!"

（10）抢航后拒绝召回者，比赛成绩无效。

（11）起航后，在起航区发生器材损坏的船艇，应及时举手示意。经航道裁判证实后，如该艇没有抢航或其他犯规，将召回全组重新起航。

（三）抗议、申诉及处理

（1）运动员如认为比赛没有按规则进行或对裁判员的判罚有异议等，均可提出抗议。

（2）抗议应该在该组比赛结束后自己的艇上岸之前提出，除非发生意外的情况。在终点处，运动员可举手示意并划到终点台向终点裁判长说明原因；在起点处被判罚的运动员可向航道裁判举手示意并说明原因。抗议将被记录。运动员上岸后，应向教练与领队汇报，经认真思考后，仍认为必须抗议，则应在该组比赛结束后20分钟内，以书面形式向总裁判长提出抗议。运动员当时没提出口头抗议，书面抗议将不受理。

（3）收到口头抗议后，终点成绩应暂缓处理，待收到书面抗议后，总裁判长应及时召集有关人员研究与调查，然后做出公正的判定。抗议有效，应给受损失的船艇以补偿；抗议不成立，也应说明情况。一般情况下应在当天最后一组比赛结束后2小时内，对抗议做出裁决。如属决赛中的问题，应在全部比赛结束前做出判决，必要时颁奖仪式可推迟。

（4）对裁判委员会的裁决有异议时，运动员及其教练、领队可向仲裁委员会提出申诉。申诉应在得到裁判委员会裁决通知后2小时内提出，仲裁委员会将在该项目下一轮次比赛前做出决定。仲裁委员会的裁决是最终裁决。

（四）犯规及其处罚

（1）所有桨手必须遵守竞赛规则，在自己航道内划完比赛全程。当船艇、桨偏离自己的航道，并且阻挡、干扰其他船艇，或获得任何利益时，航道裁判需要独立做出判断——是否判罚干扰艇被取消资格。航道裁判无权更改名次。

（2）当航道裁判发现一船艇即将干扰其他艇时，他应举起白旗，呼喊该艇队名，并挥落白旗示意其修正航向。航道裁判不可指示航向，除非航道有障碍物。航道裁判还可以命令干扰艇停止划行，待干扰排除后可继续比赛。比赛中，被干扰的运动员可以示意航道裁判其正在被干扰，并提出口头抗议。航道裁判首要目的是尽力弥补被干扰艇的损失，保留其晋级机会，而非仅是对干扰艇的判罚。比赛过程中，场外人员不得给与运动员直接或间接的指导。

（3）总裁判长可决定采用区域定点航道执法。

（4）船头球到达终点线视为完成比赛，桨手不齐不影响比赛成绩。舵手如未能在船艇上通过终点，则该艇将被取消比赛资格。

（5）当航道裁判出旗时，视为比赛被判为有效。终点裁判回旗表示收到信号，并依据船艇通过终点的顺序判定名次。比赛若不正常，航道裁判应向口头抗议的运动员询问情况，并做出判罚。在此过程中，终点裁判不得发布比赛成绩。待问题解决后，终点裁判参考航道裁判的判罚，判定名次。

（6）两条或多条船艇同时通过终点视为并列。预赛中出现并列且影响晋级时需要重赛。不影响晋级时，无需重赛，下一轮比赛的道次通过抽签决定。复赛、四分之一决赛、半决赛中出现并列且影响晋级时，需要倒看所涉及船艇前一轮的排名，排名靠前者晋级。若排名相同时，再向前倒看一轮，排名依然相同时则安排重赛。重赛需安排在同一天，时间间隔不低于2小时。决赛中出现并列时，名次并列，后若干名空置，涉及奖牌时，组委会应准备充足。

后　记

赛艇运动，这一现代奥林匹克运动的传统项目，拥有悠久的历史和丰富的内涵。上海德英乐教育开设赛艇课程已经有五年了。其中的机缘之一，是因为王石先生是万科赛艇运动的发起人，万科集团建有自己的赛艇训练基地，这为德英乐赛艇课程的开展提供了强大保障。更为重要的原因是，赛艇运动作为近现代精英运动之一，虽发端于西方，但深受中国青少年的喜爱，其特质指向德英乐教育的培养目标——5C5R（真诚、关爱、交流、自信、创造、尊重、责任、勇气、坚韧、自省），是落实德英乐教育培养目标的较好载体。值得一提的是，为积极落实国家"双减"政策，构建良好教育生态，2021年下半年上海市教育委员会校外教育质量评测中心发起征集并评选"上海市素质教育优质课程项目资源"，德英乐教育的赛艇课程入选首批"上海市素质教育优质课程"。

赛艇运动不仅是对体能的综合锻炼，也是对心智与思维的双重训练。参与赛艇运动，了解赛艇运动的文化和魅力，全身心投入其中，青少年学生会获得愉悦的运动体验、娴熟的运动技能、强健的运动体魄，还能培养机智勇敢、拼搏进取、顽强坚韧、创新思维、团队合作等优秀品质和精神。

赛艇运动这种独特的育人价值，具体归结到本书，就产生这样的编写宗旨：激发青少年学生参与赛艇运动的积极性，帮助他们了解赛艇文化，满足初学者或提高者等不同程度的学习需要，让他们参与赛艇运动、爱上赛艇运动、享受赛艇运动。在编写宗旨的引领下，本书以情境为载体导入，正文讲解基本知识与基本技能，还设置功能不一的栏目，如知识拓展、知识窗、运动之星、头脑风暴、自主学练等。为体现学习方式的多样化，在每课的课外学习园地里，设计自主学习、探究学习、合作学习三种不同的学习或活动任务。跨学科学习也是体现编写宗旨的特色之一，以附录的形式呈现三个赛艇运动跨学科学习案例。对关键的动作示范，以二维码为接口，手机扫一扫即可观看由德英乐青少年赛艇队教练和队员演示的视频。

满载德英乐赛艇运动理念的本书得以出版，是团队创造与集体智慧的结果。许青川担任本书主编，从开阔的视角阐明了本书的编写目标与理念，并进行了整体的指导。刘国华担任本书执行主编，从捕捉创意的火花到一次次的编写研讨，再到字斟句酌地修改稿件，无不体现着育人智慧。各编写人员都是各领域的专家或富有经验的教师，都以专业的态度来编写本书。他们是：尹志华（华东师范大学）、周意男（同济大学）、卜于骏（华东师范大学）、申晓星（德英乐教育）、朱径（德英乐教育）、张三棒（德英乐教育）、汪琴（上海市闵行区莘松中学）、田越（华东师范大学）、张古月（华东师范大学）、孙铭珠（上海工程技术大学）。德英乐教育李蓉、吴昱昊参与了编写研讨，并提供了不少有效的资料。

必须说明的是，书中呈现的图片，绝大部分是德英乐青少年赛艇队日常训练或比赛的照片，拍摄场景大多是在德英乐教育自有的赛艇训练基地内。其中，动作示范由顾怡悦、吴浩泽完成，他们都是上海闵行区万科双语学校的在校学生。在此，对参与拍摄这些照片的教练、队员及摄影师表示衷心的感谢。也感谢复旦大学出版社朱建宝、张彦珺两位编辑为本书出版付出的辛勤劳动。

由于赛艇运动在我国开展的时间较短，特别是面向国内青少年的赛艇用书还是一项空白，同时，因为编写参考资料很少，加之编者水平有限，书中难免存在一些疏漏和不当之处，祈请读者和专家批评指正。

编者
2022 年 4 月

图书在版编目(CIP)数据

跟我学赛艇/许青川主编. —上海：复旦大学出版社,2022.6(2025.7 重印)
ISBN 978-7-309-16159-5

Ⅰ.①跟… Ⅱ.①许… Ⅲ.①赛艇运动—中小学—教材 Ⅳ.①G634.961

中国版本图书馆 CIP 数据核字(2022)第 079082 号

跟我学赛艇
许青川　主编
责任编辑/张彦珺

复旦大学出版社有限公司出版发行
上海市国权路 579 号　邮编：200433
网址：fupnet@fudanpress.com　http://www.fudanpress.com
门市零售：86-21-65102580　团体订购：86-21-65104505
出版部电话：86-21-65642845
上海新华印刷有限公司

开本 787 毫米×1092 毫米　1/16　印张 8.75　字数 143 千字
2025 年 7 月第 1 版第 3 次印刷

ISBN 978-7-309-16159-5/G·2355
定价：62.00 元

如有印装质量问题，请向复旦大学出版社有限公司出版部调换。
版权所有　侵权必究